渉外活動のキホンとトークの進め方

加藤充也 著

近代セールス社

はじめに

昨今、金融機関では行員間の世代の乖離といった切実な問題があるにもかかわらず、渉外担当者に求められる役割はどんどん増える傾向にあり、現場では最少人員、最短時間で、最大の成果が求められています。また、外部環境も厳しく、融資の利ザヤは減る一方、それに代わる収益源を模索する状況が長らく続いています。そんな環境下、渉外担当者には今後も幅広い活躍が期待されていくに違いありません。

法人取引も、個人取引も、プロパーもローンも、預かり資産も、グループ会社取引推進も、何もかもに精通した能力が求められているのです。この流れは渉外担当者に限りません。支店長や副支店長・次長、課長にいたるまで、お客様としっかり向き合い、収益機会を逃さず取り込むことが求められています。

こういった役割に応えるために必要な要素は何でしょうか。ノウハウの類もありますが、最も重要なのは、まず「渉外活動の基本」をしっかりと理解し、個々のお客様について都度のニーズを逃さず幅広く把握し、満たしていくことです。役割がいかに増え、変わろうとも、それが受け入れられるかどうかは、お客様次第です。お客様にしっかりと向き合うことが、今まで以上に求められてきているのです。

私は金融機関向けの研修を実施しており、若手渉外担当者、次長・副支店長クラスの方々と接する機会がありますが、この、渉外活動の基本を系統立てて理解できていない人が多くいるのは事実です。私自身も系統立てた渉外活動の理論を人から教えられた経験はありません。しかし、営業関係の書籍をたくさん読み、長年にわたり渉外活動を実践・改善してきたおかげで、メガバンクの富裕層営業で行内ナンバー1になれたのです。

今思うことは、これらの基本を最初に学んでから渉外に取り組めば、もっと早く成果を上げることができたということです。

今の渉外担当者は、多くの経験を積んで、じっくり育てられる環境には置かれていません。教える立場の上席も多様な役割を求められており、部下教育に十分な時間を割くことが難しいのが現実です。

この本はそういった環境にある渉外担当者向けに、まず理解しておくべき基本を示しました。本書により渉外担当者としての基本を理解・実践することで、より多くのお客様の多様なニーズに応えられる渉外担当者になって欲しいと願うばかりです。

平成27年3月

加藤　充也

もくじ

目次

第3章　行動の基本を身につける

第4章　ネットワークの活用とトークの進め方

第1章

渉外担当者の心構え

第1章　渉外担当者の心構え

1. 渉外担当者の役割

渉外担当者の役割は何だと思いますか?

実績を上げることですか?　もちろんそれもあります。しかし、もうし広いスパンで捉えると、「銀行の商品・サービスとお客様のニーズとを、最大限結びつけること」ではないでしょうか。

銀行の商品・サービスにはどんなものがありますか?　プロパー融資、マル保融資、私募債、アパートローン、住宅ローン、その他の各種ローン…。資産運用については、投資信託、保険、外貨預金、国債など。さらに、輸出入取引、海外進出企業への支援、ファームバンキング、資金集約、集金代行、証券、不動産売買・管理、信託銀行や火災保険のグループ企業活用やビジネスマッチング。その他にも取引先の相互紹介など、数え上げればきりがありません。

渉外担当者に求められる多様なスキル

今までこうした商品・サービスは、商品ごとに担当者を分けて運営していました。しかし昨今は、販売の現場は最少人員で運営されており、商品ごとに担当を分けられなくなってきています。一担当者があらゆる商品を扱わなければならないのです。そのほうが、お客様をよく理解している担当者が直接セールスでき、効率的だからです。

また、すべての担当者があらゆる商品をセールスできるほうが、より多くのお客様ニーズに効率的に対応できます。したがって、渉外担当者はあらゆる商品に精通していなければなりません。

今や、金融機関の渉外担当者には、あらゆる収益機会を取り込める幅広いスキルが求められているのです。

ということは、お客様に対しても法人・個人、分け隔てなく幅広くニーズを把握し対応する能力が求められます。自分はこれしかやらない、これしかできないでは、今後活躍の場が広がることは難しいでしょう。もちろん総合職に限ったことではありません。

ローテラーという窓口の担当者も同じです。担当しているお客様の預かり資産以外の多様なニーズを引き出せるスキルが求められています。今までどおりでいいということは決してありません。一層の幅広いスキルが求められていることを強く認識してください。

あらゆるお客様の多様なニーズに、一人で応えられるスキルが求められており、その実現のために必要なことを、日々実践していく必要があるのです。

2. 自分のやっていることに情熱を持つ

さまざまな負荷が一気に押し寄せてきた

バブル期に入行した私の最初の転機は、初めての転勤でした。当時は異動のペースがとても早く、2年目の年明けに発令を受けました。それでも同期の総合職約550人のなかでは平均的なスピードでした。大阪市内の入行店から東京都内の支店への転勤です。

入行店では外国為替課に配属され、輸出入取引のある先を担当していました。ただし、取引先は大阪市内の小さな貿易商社（従業員が1~5人程度）がほとんどです。いわゆる新入行員の担当先と位置づけられたような会社ばかりでした。そのため案件も多くなく、本部決裁の融資稟議を書くことはありませんでした。定期的な集金先もなく、経験を積ませてもらっているという感覚でした。

それが異動により状況が一変します。取引先の規模は急に大きくなり、数も増え、定期的な集金先も当たり前のようにたくさんありました。何より支店のある地域はたたきあげの創業オーナーの会社ばかりで、お客様の要望のはっきりしていて多いこと。そのうえ目標も一人前になったため、仕事のプレッシャーが重くのしかかってきました。

融資を含めた稟議案件も当然に発生しますし、さまざまな負荷が一気に押し寄せてきたのです。なれない集金では不備が多く、多くの時間をムダにしていました。お客様を仕切ることもできず、さまざまな要望、照会、苦情等々に振り回され、とても目標に向かえるような状況ではありませんでした。

しかし、状況がどうであっても目標は目標であり、そのトレースから逃れることはできません。月２回の渉外会議では、目標の進捗度合いを全員の前で詰められることが常でした。そんな状況でも融資稟議は待ってくれません。何度も徹夜で稟議書を書き上げました。

とにかく銀行にいる間は気が休まるときがありません。情けなくて独身寮に帰る道すがら涙したこともありました。過大な負荷で身動きがとれなくなったのです。あれをやろうこれをやろうと思っても別の仕事が入ってきて、やるべきことがたまっていくばかりでした。

やがて仕事に一心に取り組むと決意する

そんな状況が半年ほど続いた後、お客様とも親しくなり、徐々に仕事の仕切りができるようになってきました。集金の不備でムダな体力を使うこともなくなり、お客様の商売内容も分かってきて、目標に前向きに取り組めるようになってきました。そこで弱音を吐いたり、思うようにならないことを人や環境のせいにするのをやめ、仕事に必要なことを一心に取り組もうと決心したのです。

「覚悟が定まった」というのでしょうか、とにかく必要なことをやろうと決めたのです。「もう無理だ、できない」と思っていたことも、「よく考えてみれば大して難しいものではない」「皆やっていることではないか」「力を尽くして取り組めば決してできないことはない」と自分に言い聞かせたのです。このように気持ちを切り替えて仕事に取り組むようになってから、状況が好転していきました。いつのまにか毎月の目標項目を達成し、支店内で表彰されるような渉外担当者になっていったのです。

このとき同期に言われました。「転勤してきたばかりの頃は、暗くて、いつも元気がなくて大丈夫かと思っていたけど、最近は随分変わったね」と。確かに変わりました。毎日「やるぞ!」と決意して仕事に向かっていたので、目つき、顔つき、態度が明らかに変わりました。外訪に出る時間は早くなり、常に目的をもってお客様を訪問するようになりました。

避けていた支店長、副支店長にも「行ってきます!」「ただいま戻りました!」とまっすぐ眼を見て言えるようになりました。課長にも自分から報連相（ホウ・レン・ソウ）を行い、何より快活に毎日を過ごすようになりました。その前後で物理的に変わったものは何もありません。そうなれたのは、「仕事に一心に取り組む」と決めたからなのです。

3行統合による環境の変化で逆戻り

このときに初めて、自分の気持ちが、ことに向かう姿勢が、いかに営業にとって重要であるかを理解しました。ただし、このときは必要に迫られてそうしただけで、営業を人に説けるまでではありませんでした。しかし「自分は営業をマスターした」と思っていました。早くも慢心してしまったのです。

その後、営業店を離れ本部に6年間在籍しました。この間に3行統合を経験し、統合直後に営業店への異動が決まりました。このときには営業現場に出ても何の問題はないという自信され芽生えていました。

しかし、この6年間で外部環境はかなり変化していました。3行統合により、仕事の流れ、システム、目標項目、あらゆるものが変わりました。投資信託や保険商品も取扱いが始まっており、目標は収益至上の体系となって、金利スワップ、通貨スワップ等のデリバティブ取引、私募債等、大きく一気に収益を計上できる商品が主流となっていました。

すでに管理職になっていたので、成果、スピード、後輩の指導など、求められる役割が今までとは桁違いに増えました。仕事の流れも大きく変わっており、当時の支店長が業績至上主義の厳しい運営を強いていたこともあり、ここでも一気に負荷が大きくかかり、低迷してしまいました。

この頃から、法人取引ではなかなか儲けられない時代に差しかかっていました。当時盛んに成約した通貨スワップは、取引先との間で訴訟が頻繁に起こっていました。円高が一気に進み損失が発生したためです。それ以降、こういったデリバティブ取引も徐々に下火になっていきました。

自分のやっていることに情熱を持つ

一方、個人の運用商品は段階的に銀行にも開放され、国をあげて個人の投資を促進しようという政策の下、利益の上がる個人営業部門へ多くの人員が配転していきました。私もこの後、個人営業に転換したのですが、先の営業店でもやもやとしていたので、これを機にトップセールスの方々が書いたノウハウ本を読みあさりました。そして気づいたのです。自分は営業のことが分かっていなかった、努力もまだまだ足らなかったと。

それからは、本の内容を咀嚼《そしゃく》したうえで、営業活動で成績を上げるために必要なことを考えて取り組みました。仕事に向かう際の気持ちや心構え、考え方、日常生活、自己啓発、行動管理等々、徹底して見直していきました。

その結果、個人営業の最上位部門で2位、1位を連続して受賞することができるまでになり

ました。こうした経験から営業で最も重要なものをあげるとしたら、

「自分のやっていることに情熱を持つ」

ということではないでしょうか。自分が選んだこと、自分が好きで選んだこと、そこに息を吹き込むかどうかは、結局自分の「ことに向かう姿勢」次第だということです。「毎日めんどうくさいな。面白くないな。こんなもんでいいか。この程度でいいか。これでいいだろう…」

そんな気持ちで取り組むことの先に、称賛や充足に値する結果があるでしょうか？　おそらくないはずです。知恵を絞って、試行錯誤を繰り返して、前向きに取り組んで初めて結果がついてくるのではないでしょうか。

自分のやっていることが、意義あることだと、力を尽くすに値することだと考えて取り組むからこそ、それに見合う結果が得られるのではないでしょうか。あくびをしながら、つまんないなと思ってやる仕事にするか、力を尽くして称賛に値するものにするかは、自分にかかっているのです。

時間はあっという間に過ぎていきます。いい習慣や考え方を身につければ、早くいい結果が得られますが、悪い習慣を身につけてしまうと取り返しのつかない結果が待っています。そう

なってから気づいても、手遅れのこともあり得ます。銀行で営業に携わる方々には、一刻も早く、この気持ちで仕事に取り組むことの重要性を理解してもらいたいと思います。

努力して上位20％の渉外担当者になる

パレートの法則というのを知っていますか。一般的には「20対80の法則」と言われているものです。

「上位20％のお客様が銀行の利益の80％を生み出している」
「上位20％の営業マンが全体の利益の80％を稼いでいる」
「営業マンの使う20％の時間が、その利益の80％を生み出している」

こういう経済上の法則のことです。言い換えれば、上位20％の渉外担当者になれば、利益の80％を生み出す顧客を担当することができる。結局、実力をつけて優秀な渉外担当者になれば、上位のお客様を担当できる機会が与えられる、チャンスが劇的に増えるということです。私は銀行内で数多くの渉外担当者を見てきましたが、彼らは概して次の3つに分けられると思います。

・上位20％の渉外担当者
・その他大勢の渉外担当者
・下位20％の渉外担当者

「上位20％の渉外担当者」は、いつもそのポジションを狙っています。そこに入ろうと思っています。そして、そうなるように仕事を組み立てています。

「その他大勢の渉外担当者」は、何か特筆すべき成果が上がれば、上位20％に入る可能性があると考えています。それには自分でそうするというより、偶発的な要素が入ったときになると考えています。他力によるものが必要だと考えている訳です。

「下位20％の渉外担当者」はあまり実績について語ろうとしません。見たくない事実という位置づけです。これらの人はいつも言い訳をしています。上司が悪い、マーケットが悪い、話が違う、いい担当先を持たせてもらえない、こんな状況では営業に割く体力がない等々。

いつも自分以外の理由でうまくいかないと考えています。こうなると「自分を改善する」ことにまったく取り組まなくなります。自分は十分にやっている、自分は悪くないのだと。もちろん、外部環境が勝手に変わってくれる訳もないので、何の対策も打たずに無為に時が経過するだけとなります。

こういった人は最終的には、営業の仕事から追いやられてしまうケースが多いです。自分だけでなく、周囲にも間違いなく悪影響を与えるからです。自分のパフォーマンスが悪いだけならまだしも、周囲のパフォーマンスも落としてしまいます。もちろん、後輩や部下の指導など満足にできるはずもありません。

営業はもちろん競争です。早い者勝ちです。早く覚悟をもって取り組めば、上位のお客様を担当することができます。よりやりがいのある部課店を渡り歩くことができます。遅れれば遅れるほど、そのチャンスは遠のいていきます。まずはことに向かう情熱を燃え立たせることを自分に課してください。

仕事を価値ある意義のあるものにする

よく考えてみてください。仕事に情熱を持って、意義ある、誇りを持ってやるべきことだと思い、持てる力を尽くして取り組んだとしたら、どうなると思いますか。それを、1ヵ月、3ヵ月、半年、1年、3年、5年、10年と続けたらどうなるでしょう。必ず成果につながると思いませんか。

そう言えたなら、うまくいかないはずはないと思うのです。それは能力の差ではないのです。そう決意するかどうかの差なのです。決意するのに能力は関係ありません。それを決意する覚悟は、皆さんの中にすでにあります。それを引き出すかどうかを決めるのは、皆さん自身なのです。

自分が選んだ仕事。自分の大半の時間を費やす仕事。その仕事を、自らが力を尽くした、高い価値のある、意義あるものとするかどうかは、皆さんの取組姿勢次第なのです。いくら知識を身につけても、いくらノウハウを人から学んでも、いくら素晴らしい研修を受けても、本を読んでも、やる気のない人が仕事で成功することはありません。それらを活かそうとする気がないのですから、あたり前です。

逆にやる気のある方は、ノウハウがなくても、研修を受けなくても、自分で試行錯誤を繰り返し、そこから自分なりのノウハウを見つけ、成功への道を歩んでいくと思います。そういった方がいろいろな学びを得ると、成功へのスピードが速まると思います。確実に取り入れていくからです。

のんびりしていると、あっという間に取り返しのつかないことになりかねません。自分のやっていることに情熱を傾けて、充足や賞賛に値する結果をつかみ取って欲しいと思います。

3．事実を真摯に受け止める

問題に焦点を当てず解決に目を向ける

現在の自分の置かれている状況を、ありのままに素直にとらえることはとても重要です。これにより、的確な対策を立てることができます。事実はすでに起こっていることであり、いくら悔やんでも変えられないし、どうすることもできません。もし望まないことが起きてしまったら、考えるべきことはただひとつ、

「では、どうするか」

です。過去は絶対に変えられないので、そのことで落ち込んだり、悔やんだりするのは時間のムダです。やるべきことは、どう対処するか、悪い結果をどう未来に活かすかといった前向きな考えなのです。

「起こった問題自体に焦点を当てる」のではなく、「問題の解決に目を向ける」のです。それ

には、ネガティブな感情を持たずに、事実を素直に正面から見ることが大切です。そうすれば、自分に何が足りなくて何が必要なのかが分かります。

問題はそれを習得する必要があることを教えてくれます。大抵は、自分にそのスキルや知識がなかったとか、事象を防ぐような配慮が足りなかったとか、必要だと思いつつも対応を怠けていたとか、経験や知識、配慮の不足、怠慢、気の緩み等が原因であることが多いのです。

ただそれだけです。似たようなことに再度ならないよう対策を練って、次に十分注意すればいいのです。年次が浅い人は経験が不足していますから、知らないこと、分からないことがあって当然なのです。

そして、年次や役職がどんなに上がっても、知らないことはあるのです。支店長になっても、役員になっても経験のない業務は必ずあります。だから知らないことがあっていいのです。あって当たり前なのです。大切なのはそういった業務に直面したときに、場当たり的な対応で流すのではなく、次に起きたときに的確な対応ができるように習得しておくことです。つまり「分かった」状態にしておくことが大切なのです。

「何で俺にこんなことが起こるんだ」
「俺のせいじゃない」

「こんなことがばれたら大変だ」
「担当先が悪いんだ」
「マーケットが良くないんだ」
「あいつのせいだ」
「あいつは担当先に恵まれているんだ」
「おれにばかり損な仕事が割り振られる」
「俺は十分やっている」
「課長が悪い」
「支店長が悪い」
「俺はデキる」

このように思うのも分からなくはないですが、それが本当に正しいかどうか素直に見つめてください。不都合なことが起きたのは、あなたの知識や経験、配慮が足らなかったからではないですか。成績が悪いのは自分の努力が足りないからではないですか。

商品知識や、関連する必要な知識を学び、お客様に適切なアプローチをし、魅力的に感じるようにセールスしていますか。相手のニーズも考えず、ただ商品を説明するだけになっていませんか。よい案件が来る人には、あなたよりそういった案件が来やすい必然性はありませんか。マーケットが悪くても結果を出している人はいませんか。あなただけが担当先に恵まれていないのですか。あなたが担当先との取引を活性化させていないのではないですか。上司が悪くても結果を出している人はいませんか。本当に十分にやっていますか。それは他の人が見ても十分な水準ですか。いつも、他人が悪く自分は今のままで正しいと思っていませんか。

「何より、自分を変えなくて、何か状況が好転することがあるのでしょうか」

自分以外のものに原因を求めてただ待っていても、状況が好転することはないでしょう。結果を素直に見つめて、自分に原因があると受け止めて初めて、自分に足らない本当にやるべきことが見えてくるはずです。

自分の不十分な点を認めて改善する

例えば、目標達成率が30％で「私は十分やっている」と主張しても、誰もそうは思わないでしょう。明らかに力が不足しているのではないでしょうか。ここで「自分の目標達成率の30％は下位20％だ」と認めることができれば、何をすべきかが分かります。事実は変えられない。

不都合な事実をそのまま見つめて受け入れることができれば、未来を変えることができます。

「自分は本当に役割を十分に果たせているのか」

YESかNOの二択で「YES」でなければ必要なことに取り組めばいい。ただそれだけです。

よく考えてみてください。完璧な人間なんてどこにもいません。誰もが長所の裏返しとして短所があるのです。得手、不得手があるのです。何かが不足していたとしても、何も恥ずかしいことはありません。今の自分が十分でなくてもいいのです。

誰しも自分の非は認めたくないですが、「自分には改善すべき点などない」と意地を張るよりも、「自分はこの点が不十分」と認めて改善するほうが得だと思いませんか。素直に事実を見つめて反省し、未来へ生かしたほうが自分のためになるのです。何も部課店の全行員の前で懺悔《ざんげ》するわけではないのです。自分の心の中で、そうするだけです。

ぜひ取り組んで欲しいことは、数字や評価の還元結果を改めて見ることです。これは例えば毎月の実績です。目標項目がいくつあって、目標の達成率はいくらですか。部課では何番目ですか。先月は、先々月はどうでしたか。前期の実績はどうですか。同じように振り返ったとき、事実はどうなっていますか。また、順位づけが行内でなされているとしたら、何番目ですか。年度の評価はどうでしたか。評価の水準は上から何番目ですか。

「十分に自分で納得できるものですか」
「事実を真摯に受け止めることができますか」

ぜひ、素直な心で事実を、実績を、周囲の評価を、ありのままに見つめてください。そして不足する何かがあるなら、ただ素直に習得してください。

4．明確に目標を定める

まず期の目標を仕上げることから

もし、渉外担当者に目標がなかったら、どうなるでしょう。おそらく、自然体でお客様の案件を受けるだけになってしまうと思います。目標があるからこそ、それをやり遂げようと創意工夫をし、自身の成長にもつながるわけです。

すでに書きましたが、トップクラスの渉外担当者は目標達成を真剣に目指しています。目標項目に優先順位をつけて、重要なものから案件を作っていくことに余念がありません。

それ以外の渉外担当者は、目標は最初から難しいものと考えています。あまりその達成に執着していません。目標は偶然大きな実績が入ったときに達成できるかもしれないもの。そんなようにとらえているように感じます。そして、毎日少しの実績を上げられればいいと刹那的に動いているようです。

これでは最終的な目標には届かないうえ、期の目標自体をきちんととらえていないと思うのです。

渉外担当者がやるべきことは、まず期の目標を仕上げることです。そのため、期の初期段階では重要性の高い、実績化まで時間のかかる案件を狙わなければなりません。毎月の目標も期の目標を仕上げるために、ペース配分を考え設定することになります。

案件がないとどうにもならないものは、期の早い段階で発掘します。仕上がるまでに1ヵ月で済むような項目は、後回しでもいいのです。毎月、大幅な遅れなしに一定の実績を積み上げていくものは、相応のペースで進めていきます。

こういった動きは、やはり期が終わった際に「全項目が仕上がっている」という状態を目指すからこそ出てくるものです。毎日何らかの実績を上げろという上席の指示を真に受け、毎日獲得できそうなお客様を訪問しているだけでは無理でしょう。期の目標を仕上げるのが目的であるということを忘れずに、計画性をもって行動してもらいたいものです。

部下に指導・教育することが最終目標

中期的には安定的に目標を達成する渉外担当者を目指してください。毎期、毎期の目標達成を視野に入れて活動していれば、難しいことではありません。そうすれば、活動も好循環に入っていくはずです。異動等で難易度が上がっていくと思いますが、慢心することなく取り組めば、安定的に高い実績を上げることができるようになります。そして、より望ましい環境でやりがいのある仕事が巡ってくるはずです。

そうならないなら、何か不足する要素があるはずです。自分に足りないものを習得し改善してください。

最終的には、自身が学んできたことを「部下に指導・教育する」ことが目標となります。あなたが基本を学び、試行錯誤をし、身につけてきた「渉外活動の基本」を、若い世代に伝えて欲しいのです。

あなた方より若い世代の担当者はさらに短期間での成果を求められるようになります。銀行のビジネスモデルもどんどん変わり、新たな目標も増えてきます。ただし、お客様に正しくアプローチして成約へ導く過程に変わりはありません。必要な知識やノウハウは変わっても、根底にある「お客様に納得いただき、成約してもらう」という原理原則は変わらないはずです。

ここさえしっかりと身につけておけば、怖いものはありません。あなたに関係する人たちが変わっていけば、やりがいに満ちた素晴らしい職場になっていくはずです。ぜひ周囲の人のやりがいや成功を引き出す人物になってください。

5. しっかりと先を見据える

銀行業務全般に関心を持ち理解に努める

若いうちはあまり考えないと思いますが、先々のことを少し想像してみましょう。皆さんが一生懸命業務に取り組んで、その都度の役割を果たしていったとします。その先々にある役割はどういうものでしょうか。

徐々に年次が上がり渉外の中堅に位置していきます。その後、係長や課長代理といった役職がつきます。課長の後は副支店長・次長といったクラスです。そこを卒業すれば支店長です。さらに役割を果たしていけば、役員、頭取と昇りつめていくわけです。では、新人と頭取の違いは何でしょうか。

いうまでもなく、業務スパンの広さの違いです。責任を負う範囲の違いです。そして最大の違いは、自分のことだけをやっていればいいのか、人を使って業務を推進するかの違いです。目の前の業務に取り組むことの先には、多くの人を使ってより広い業務を成し遂げていく、ということがあるのです。

一人でできる仕事には限界があります。役割を果たす人には、多くの人を率いて、より大きな業務を遂行する役割が待っているのです。こう理解できていれば、銀行に勤め続ける以上、次のようなことの重要性が分かってきます。

・人をいかに育てるか
・人をいかに動かすか
・広い視野で他部署の仕事も理解しているか

これは何を意味するかというと、自分のことだけ考えていてはダメだということです。将来、銀行員として成功するには、人を高いパフォーマンスで動かすこと、無関係な仕事などないという視点で、あらゆる業務に関心を持つことなのです。

より具体的には、後輩指導や他課の仕事も含め、銀行業務全般に関心を持って理解しようと努めることです。回りに無関心ではいけないということです。

この素養があるかどうかが、将来の評価につながると理解してください。「俺は忙しい。それはできない」「それは俺の仕事じゃないだろう」といった狭い視野ではいけません。何でも経験して将来の糧にするという姿勢で、周囲の人や仕事に関心をもって、理解を深めるようにしてください。必ずやっておいてよかったと思うときが来るはずです。

第2章

営業の基本を知る

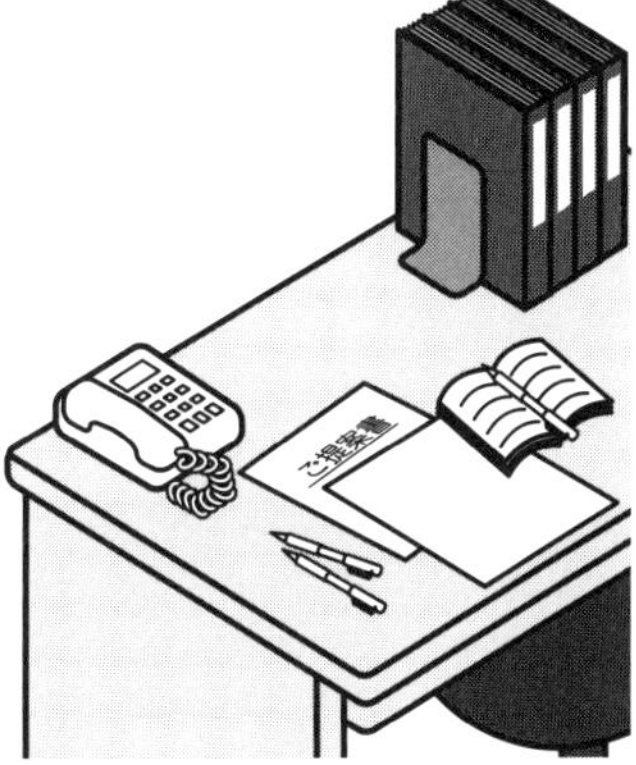

第2章　営業の基本を知る

1．営業のプロセスを論理的に理解する

ある携帯電話ショップでのやりとり

　先日、スマートフォンの契約が2年を過ぎたので、最近の機種についてリサーチするため、最寄駅の携帯電話ショップに出向きました。大手3社の携帯を扱っているショップで、新型のスマートフォンを見ていたら、法被姿の若い女性店員さんが元気よく声をかけてきました。

「こんにちは。今日はどういったものをお探しですか？」

「2年ほど前にここでスマートフォンを買ったので、最近はどんなものがあるのか気になって見にきたんです」

「2年ほど前ですとこちらのタイプですね。今はどんな使い方をしていますか？」

「通話はあまりしなくて、メールを多少するくらい。モバイルのパソコンを外出先で使うので、テザリングっていうんですか、あのW-iF-iのような機能のあるのがいいなと思っているんで

す」

「こちらのタイプだと16Gと32Gがありますが、お客様の使い方なら16Gでよろしいかと思います。値段もお安くなっています。ここに記載しているように云々…」

「他社への乗り換えですと、2年の契約期間に合わせて変更しないと違約金がかかってしまいますが、機種変更でしたらいつでも違約金なしで変更できます」

「そういう契約内容も調べてもらえるんですか？」

「はい、大丈夫ですよ。ではあちらの席で承ります」

と席に案内するまでが彼女の役割だったようです。

次に担当したのが、20代半ばくらいのスーツを着た男性の担当者です。

「ここに電話番号と生年月日を書いてもらえますか」

にこりともせずに、真顔で冷静に応対します。

（心の中の私…本日はご来店ありがとうございます、くらい言ってにっこりしろよ）

「本日はご本人を確認できるものはお持ちですか？」

「ありますけど…」

「ちなみに何ですか?」
「免許証です」(免許証を財布から取り出す)
(心の中の私…何か詰問されているみたいだな。俺のほうが気を使って笑顔じゃないか。恐縮ですが拝見できますでしょうか、くらい言えないのか…)
「今、機種変更されますと、このような料金になります」(既定の料金提示表に項目ごとの料金を書いて見せる)
「そうですか。ちなみに今の料金って分かりますか?」
「今の料金は…」(タブレット端末を操作してしばらく調べている)
「ちょっとこの場では分かりませんね」
(といった後もタブレット端末を操作している)
(心の中の私…分からないと言いながら何か端末で調べているみたいだけど、本当にそうなのか。この沈黙は何なんだ)

しばらくして、

「2年くらい前だと7、8000円位ではないでしょうか」

(心の中の私…そんなもんだと思うけど、こ、根拠は)

「分かりました。この料金表もらえますか?」

「構いませんけど、お客様、今日は機種変更しないのですか?」

「今日はしません」

「なぜですか」

(心の中の私…あんたの態度が嫌だからだ)

「今日は新しい機種がどんなものか見に来ただけだからね」

(なぜか私も〝ため口〟になっている)

「お客様の場合ですと、S社に乗り換えすると契約当初10ヵ月は、機種変更するより毎月約1000円お安くなります。10ヵ月後通常料金に戻っても機種変更とほぼ同額ですからお得ですよ。もし変えるなら今やっておくべきですよ」

「いつまで？」

「えーと、今月中です」

「今月？」

「ちょっと待ってください…」（端末で調べている）

「あ、今月じゃなかった。来月です。来月中です」

「…。分かった。考えとくよ。じゃあね」

お客様は理由を言わずに離れていく

このやりとりをどう思いますか。

私が感じたのは、「この担当者と契約するのは嫌だ。この担当者の成績になるのは嫌だ」ということでした。どうしてかというと、料金説明のやりとりをしただけで、お客として扱われていないと思ったからです。何だか料金説明マシーンとやりとりしたような感覚でした。どこで契約しても同じなら、別のショップにしようと思うのは普通の感覚でしょう。

お客様ははっきりとした理由を言わずに離れてしまいます。受付をした担当者の男性は自分が原因とも知らず、「たまたまタイミングが合わなかったが、来月は契約の可能性が大だな」

などと思っているかもしれません。ですが、受け付けた人の多くはあの担当者とは接点を持ちたくないと思うでしょう。でもはっきりとした理由は言わない。結果として、契約するお客様は少ないし、アプローチできるお客様も減っていくと思います。

これを銀行の営業に置き換えて考えてみます。つまり、あなたがお客様から接点を持たれたくないと思われる担当者だったらどうでしょう。会ってくれるお客様がどんどんいなくなり、訪問しても不在だったり居留守を使われたりするのです。これは、担当者自身としても組織としても大きな問題です。

もし、お客様といい関係が作れないとか、今一つ取引を深められないなら、一度営業のプロセスを論理的に理解してみることをお勧めします。営業にはステップがあり、それぞれの段階をクリアして初めて成約に結びつくということです。そのためのステップを知ることは、人の感情を理解することにつながります。こういう段階を踏んで、人は納得し、成約に至るのだということを理解するのです。

営業のプロセスを論理的に理解する

そこで、書店に行ってトップセールスマンが書いた本を何冊か読んでみましょう。セミナーや研修に参加するのもお勧めです。それにより、論理的にどうやってそのステップを踏んでいくのか、また具体的にどう進めたらいいのかが分かってくるはずです。もちろん、本書を読んでいただければ分かります。

私の場合でいうなら、若い頃は銀行の看板と、一生懸命さや可愛げで勝負していました。ただ年次が進むにつれ、取引先の規模も相応に大きくなり、役割課題も増し、責任も重くなってきます。体力的にはきつくなり、取引先の要求も求められる職責も大きくなっていきます。そうなると、一生懸命さや可愛げだけでは厳しくなってきます。

銀行では昔から、お客様と仲良くなれとか、懐に飛び込めとか、お客様に興味を持てなど、営業の極意といわれる方法が語られてきましたが、きちんと体系立てて教えてくれる人はいませんでした。そこで書店に行って、生まれて初めてセールスノウハウが書かれた本を手に取ってみました。そこには、さまざまな業界のトップセールスマンが実践してきたセールスのステップが、具体的に理由も含めて書かれていました。また、日頃から留意する自分自身の管理についても書かれていました。

目からうろこが落ちるとはこのことです。こんなに真剣に営業を極めようと、一心不乱に実践し、創意工夫を続けている人が世の中にいることに衝撃を受けました。それに比べて、自分はまだまだ努力が足りないと強く感じました。

お客様を増やし、既存先との取引を深めていくという役割を永続的に続けていくには、論理的に営業のステップを理解し、人がどうやったら動くのかという各ステップを実践していくことが重要だと分かったのです。

お客様に相対したときに当然に行うこと

例えば、今日投資信託の契約をどうしても欲しいからといって、面談した人にいきなり「投資信託をお願いします」と言っても成約できません。やはり、初めてお会いするお客様には、「いつもご利用いただきありがとうございます」と挨拶し、取引履歴などから「ところで○○様とは20年もお取引いただいていますが、お口座を作っていただいたきっかけは何だったのですか?」といった、答えやすい質問を投げかけ、話をしてもらい、基本属性をつかむことから始めないといけません。

その経緯でお客様の関心を探り、自負していることをほめ、重要感を満たしながら、実態を把握していくのです。そして、抱えている課題を探り、それを自社の商品やサービスで解決できることを訴えるという経緯を踏まないと成約には至りません。

結果をすぐに求めるあまり、中間のステップを省略してセールスすると、必ず希望しない結果となって返ってきます。お客様に相対したときに、当然に行わなければいけないことが営業の基本です。まずはそれをしっかりと理解しましょう。

その次は、自己啓発を実践し商品知識を磨いていきます。いい感じでアプローチできても、つたない商品説明では商品の魅力が十分伝わりません。また、あまりに不勉強でお客様の基礎知識がなかったり、銀行員としての常識が欠けていても信頼を大きく損ねる結果となってしまいます。

お客様の時間をムダにしないためにも、セールスの展開を早く、効率的にするためにも勉強は欠かせません。常に必要知識のブラッシュアップを心がけましょう。基本として最も重要なことは、お客様が気持ちよく自身のことを話してくれるような場を作ることです。

2. 営業にふさわしい服装とは

大手証券会社より緩い銀行のドレスコード

私は研修でさまざまな金融機関の担当者とお会いするのですが、その際にいつも服装を注意して見ています。私自身も渉外の担当が長かったこともあるし、現在でも営業することがあるので、営業するのにふさわしい服装について考えることがあるからです。

最近驚いたことは、大手証券会社のドレスコードが想像以上に厳しいということです。私のイメージでは、証券会社というと銀行より華やかな印象があったのですが、男性はスーツに白シャツ、髪形もさっぱりしており、女性も皆黒髪で清楚な服装を心がけているようでした。全社的にドレスコードが徹底されていて、お客様目線が徹底されていると感じました。

それと比較すると、私が在籍していた銀行のドレスコードは緩みがちでした。カラーシャツ、カラーの靴、ベルト、男性でも耳が隠れるような髪型。女性では茶髪、ジュエリー、ネイル、オフィス内のサンダル履きなど。銀行としてお客様を迎える目線より、個人のおしゃれや気楽といった観点が徐々に優先されるようになり、組織としての指針が緩んでいたと今さらながら感じました。

銀行を離れたから分かる部分もあるのですが、渉外担当者として最も大切なのは、やはり「お客様から見た銀行員としてふさわしい自分」を優先することだと思います。その中でも基準となるのは「厳しいお客様の目線」です。

銀行の仕事はお客様のお金を扱うことですから、最も大切なのは信用です。お金を預ける、借りる、そして数百万、数千万、億といった取引をするのです。そこに、さすが銀行員はおしゃれだなぁという観点は必要でしょうか。ここで必要なのは「さすが銀行員はきっちりとした服装をしているな」と思われることではないでしょうか。

お客様から見てふさわしい服装とは

銀行は窓口に訪れる一見のお客様から、取引先の社長や個人の富裕層までさまざまなお客様とお付き合いします。銀行員の服装には頓着しない人もいますが、よく見ている人ももちろんいます。中にはかなり保守的な見方をする人もいるはずです。そんな人と相対したときに、自分をよく見せたいことが優先されている服装ではどうでしょうか。

お客様は口には出さないかもしれませんが、離れていくのではないでしょうか。苦情につながるかもしれません。「あの担当は嫌だ」とか、「おたくの銀行はどういう服装を推奨しているのか」といった具合にです。今は組織として服装を厳しくチェックしないかもしれませんが、自分自身でお客様に向かう服装はどういうものが望ましいか、基準を設けるべきだと思います。

私が考えるのは、スーツは黒、紺、グレーのダーク系。シャツは白。ネクタイは原色系以外の落ち着いた印象を与えるもの。時計は白か黒の簡素なもの。ベルトや靴はシンプルな黒。そしてシャツは、しわや黄ばみがなく、きちんとプレスされ清潔な印象を持たれるもの。高級品でなくてもいいので、だらしなく見えないものではないでしょうか。

服装のポイントはお客様の目線です。自分がよく見られたい、おしゃれだと思われたい、かっこいいと思われたいではなく、お客様から見て付き合うにふさわしい銀行員の服装に徹することができるかどうかです。何もプライベートまでそうすべきと言っているわけではありません。あくまで、業務上の話です。業務上で果たすべき役割に最もふさわしい服装を、正しい基準で設定して欲しいと思います。

そして、その基準を後輩や部下に指導できるようにして欲しいと願います。

「仕事上の服装は、厳しいお客様目線でのベストを」

3．快活な声で話す

渉外活動でお客様に臨む心の状態とは

服装の次は声です。声を聞けば活力がある状態なのか、そうでないのかすぐ分かります。お客様が聞いていていいなと思うのは、快活な声です。はっきりとハリのある大きな声。これが渉外担当者には欠かせません。

そのために最も大切なのは心の状態です。渉外活動でお客様に臨む心の状態としては、どういうものが望ましいでしょうか。お客様を面前にして、自分に自信がないとか、あれができないとか足りないとか、そんなことを気に病んでも仕方ありません。そんなそぶりが態度に現れて、自信なさげで元気のない、暗くおとなしい渉外担当者などと思われたら、次のチャンスも失ってしまいます。

気にしていることが面談で話題になるかどうかも分からないし、なったとしても次回に調べてくるといった対応しかできないはずです。ここでは少なくとも、明るく、快活な渉外担当者になって面談に臨むしかないのです。ベテランでも知らないことが話題になることは少なからずあるのです。そういう場合は彼らでも調べてくるしかありません。

すべてが完璧という人はいません。あれこれ考えても仕方ないタイミングなのだと割り切って、元気よく面談に臨みましょう。

明るく感じのいい渉外担当者に変身する

私も若い頃、新規先のオフィスや引継ぎ先を2回目に訪問するときなど、あれこれ考えすぎて結局訪問できなかったことが何度もあります。むげにされたらとか、断られたらとか、悪い想像ばかりしてしまい、時間が経てば経つほどオフィスの扉を開けられない、なんてことがありました。

どうしても訪問できず、1時間後に再訪し意を決して扉を開けると、「社長は不在です」なんてこともよくありました。その後、意外に簡単に社長に会ってもらえたり、やっぱり相手にしてもらえなかったりなど、結果はさまざまです。

いずれにしても、声に元気がないと次のステップに進めない可能性が非常に高くなります。お客様を訪問する際は、常に「快活な渉外担当者」に変身して訪問するしかないと胸に刻んでおきましょう。

あれを成約したいとか、あの返事をもらいたいとか、自分のことばかり考えているときも、お客様を訪問しづらくなります。本心が透けて見られるような気がするからです。でも、会っていきなり「これ契約してください」と切り出してもうまくいかないことは、よく分かっているはずです。どんな本音があろうとも、初めにやらないといけない普遍のステップは、明るく感じのいい渉外担当者への変身です。

これができないと次に進めません。そのためには第一声が極めて重要です。「おはようございます！」「こんにちは！」「失礼いたします！」この一声を面談のときに実行できるよう、腹をくくりましょう。

「面談の第一声は、腹をくくって快活に」

4．好印象を残すことを心がける

言葉を交わさなくても営業マンの印象は残る

先日、銀行を退職後に研修を実施する会社を経営している先輩のオフィスにいたときの話です。これから全員で外出しようというとき、タイミング悪くある若い営業マンが入ってきました。

「こんにちは。私〇〇社の〇〇と申します」

「ああダメだよ。今から全員外出するんだよ」

「あっ、そっ、そうなんですか。すいません。すいません」

たったこれだけのやり取りでしたが、社長である先輩もやりとりを見ていて、外出後に「さっき来ていた若い営業マン、ありゃダメだな」と言いました。社長は銀行員時代、営業ですば抜けた実績を残したので、今でも訪ねてくる営業マンの立ち居振る舞いは相当気になるらしいのです。

実は私も同じ印象を受けました。そこで、なぜそういう印象になるのか改めて考えてみました。

私は間近で見ていなかったので、服装までは分かりませんでしたが、表情と立居振舞から必要以上にぺこぺこしている感じでした。何かおどおどしているのです。確かにタイミングは悪かったのですが、そんなことは改めて訪問すれば済む話です。

「そうですか。それではまた改めてまいります。失礼いたします」と落ち着いて、しっかりとお辞儀すれば何でもないことなのです。でも実際は笑顔がひきつっており、腰が引けていたのでそういった印象になったのでしょう。

入るとき、出るときにきっちりとお辞儀をし、話すときはまっすぐに立ち、はっきりと大きな声で要件を話す。これができれば、堂々とした第一印象を与えられます。

アポなし訪問の場合、社長が不在だとか、外出直前だとか、来客中とかさまざまな理由で会えないことは日常的にあります。そんなことはいちいち気にしていても仕方のないことです。気をつけるべきは、実権者が不在でも、会社の人間がそのやり取りを見ている、ということです。言葉を交わさなくても、その渉外担当者の印象は残るのです。

いい印象を与えることができれば、「今日は社長が不在のときに感じのいい営業マンが来ましたよ」という話が出るかもしれません。逆に「今日来た営業マンはダメだな」などと言われたら、次回の訪問が厳しくなってしまいます。

訪問時に良い第一印象を与えることの意味

実権者にはどう伝わるか分かりません。訪問時に実権者がいようがいまいが、相対する人に良い印象を与えることがいかに大切かを肝に銘じ、良い第一印象を与えることに全力で取り組んでください。さらにいえば、良い第一印象を与えられれば、社長や会社の情報をその人から仕入れることができるでしょう。

例えば、「おたくさまはどのような業務を担当されているのですか?」「不勉強で申し訳ありませんが、御社はどのようなお仕事をされているのですか?」「こちらの会社でのお勤めは長いのですか?」「社長は社内にいる曜日は決まっているのですか?」等々。

研究熱心な営業マンは鏡を使って笑顔を練習するそうです。また、お客様と会う直前に面白いことを頭に浮かべて、笑顔を作ってから扉を開けるという人もいるようです。

企業でもコールセンターの担当者の机には、自分の表情をチェックするための鏡が置かれています。声だけでも、そのトーンから表情が相手に伝わるからだそうです。女優や航空会社のキャビンアテンダントの中には、笑顔が飛びきり素晴らしい人がいますが、人に見られたり接客する仕事に就いている人は、自分がどのように見えるかを徹底的に研究しています。営業マンも良い印象を相対する人すべてに与えることはとても大切です。

お客様から見て、「良い印象をもってもらえる自分」を作ることを徹底してみてはどうでしょうか。決して損することはありません。

人のふりを見てわがふりを修正する

良い印象を与えるために、とても勉強になる方法をお教えします。それは、人間ウォッチングです。電車の中や街ですれ違う人々をよく見てください。疲れている人。優しそうな人。気難しそうな人。乱暴そうな人。自己中心的な人。粗暴な人。控えめな人。楽しそうな人。良識的な人。元気がなさそうな人。充実感でいっぱいに見える人。いろいろな人やいろいろな印象を与える人たちがいます。

そこで、どうしてそう感じるのかを具体的に見てください。元気がなさそうな人は、大抵肩が落ち、目線が下を向き、とぼとぼと歩いていたりします。快活で充実していそうに見える人は、顔が上を向き、背筋が伸び、颯爽と、キビキビと動いています。楽しそうに見える人は、笑みをたたえています。気難しそうな人は、口角が下がり、眉間にしわが寄っています。

さらによく見ると、服装も大きな要素であることに気づくでしょう。そして、私たちがお客様に接するときに望ましい印象を与えるための要素を取り入れるのです。自分のことは自分では分からないので、人のふりを見てわがふりを修正するのです。前述のように、鏡を見て望ましい印象を研究するのも面白いでしょう。必ず効果はあると思います。

「相対するすべての人に好印象を」

5．お客様に話してもらう

お客様が話す合い間に質問する

さて、きっちりとした清潔感のある服装で、立ち居振る舞いが堂々としていて快活な印象の第一声を出せれば、いい印象を与えることができますね。さて、次はいよいよ会話のスタートです。私は営業で好結果を残せたときに気づいたことがあります。それは、

「自分はほとんどしゃべっていない」

ということです。本当です。お客様に話してもらいたいことを、質問することで引き出しているという状態です。お客様が話す合間に、合の手のように質問することで、お客様がずっとしゃ

べっていられる状態を作り出しているのです。

つまり、お客様が話した都度、合いの手のように「はあ、それからどした」的に質問を繰り出すのです。そうするとお客様がしゃべること、しゃべること…。お客様が関心のあることを見抜いて聞く。お客様が自負を持っていることを聞く。生まれや生い立ち、家族、職歴、社長のサクセスストーリーなどなど。

でも、お客様の話したいことばかりを一方的に聞いているだけではいけません。その過程で自身の知りたいことにも話題を振って、話してもらうのです。そうして基本属性を把握し、収入や資産・負債等の全体像をつかむのです。本人が抱える顕在化した問題、潜在的な問題、本人が今取り組んでいる課題等を把握して、自社の商品やサービスで解決できるとセールスを展開すれば、成約の可能性が高まります。

ただ、質問にも順序があります。皆さんもすでに理解していることも多々あると思いますが、以下に示していきます。

会話を成立させるときに気をつけなければいけないのは、次のような点です。

(1) 導入は簡単で答えやすい質問が基本

初対面の人に「あなたの借入額はいくらですか？」と聞かれても答えたりしませんよね。また、「あなたの生きる目的は何ですか?」なんて質問にも答えにくいですよね。やはり、導入では簡単で答えやすい質問が基本です。

例えば、「いつもご利用いただきありがとうございます。駅北口にあります、近代銀行中野支店の○○と申します。支店の場所はご存知でいらっしゃいますか?」「月に何回かはご来店いただくこともございますか?」「20年もお取引いただきありがとうございます。口座を作っていただいたきっかけは何だったのですか?」「その頃とはこの周辺も随分と変わったんでしょうね」といった具合です。

まずは支店の話や口座にまつわる話などを展開します。そこから、その方の自宅や自宅にあるもの等に話を向けていきましょう。

・支店や口座のこと

面談初期段階の代表的な質問（挨拶の後に投げかける質問）

「支店の場所はご存知でいらっしゃいますか？」
「ご来店いただくこともございますか？」
「お口座はどういうきっかけでお作りいただいたのですか？」

・仕事のこと

「失礼ですが佐藤様はどのようなお仕事をされていらっしゃるのですか？」

「具体的にはどのような部署のお仕事をされているのですか？」

（仕事のことを聞いたら自己重要感を満たす）

「責任の重いお仕事ですね」

「やりがいのあるお仕事ですね」

「大変お忙しいそうですね」

「スケールの大きなお仕事ですね」

「それだけの人を率いるのは大変なお仕事ですね」

「クリエイティブなお仕事ですね」など

・自宅のこと

「こちらは佐藤様のご自宅でいらっしゃいますか？」

「こちらはいつ頃からお住まいでいらっしゃいますか？」

「立派なご自宅ですが、いつ頃建てられたのですか？」

「こちらは奥様のご実家でいらっしゃいますか？」

・家族のこと
「ご家族は皆さん一緒にお住まいですか？」

「ご家族は近くにお住まいですか？」

・自宅周辺のこと
「近くに新しいお店ができていますが、いつ頃からですか？」

「お隣は建替えていらっしゃるんですね。何が建つのですか？」

「2軒先が更地になっていますね」

・自宅にあるもの
「トロフィーがたくさんありますが、何のトロフィーですか？」

「個性的な絵ですね。有名な方のものですか？」

「お庭の花が満開できれいですね。どなたがお手入れしているのですか？」

「あの車はどなたが乗られるのですか？」

面談当初の質問は、見えているものや、仕事や家族などの基本属性に関するものが望ましく、質問されたほうにも違和感がありません。面談当初から資産・負債・収入などを聞くのは唐突であり、相手には抵抗感があります。まずは、相手に話してもらうことを前提に、答えやすい質問を自分なりに用意しておきましょう。

付き合うに値する人物だと認めてもらう

法人の場合はより注意が必要です。中小企業のオーナー社長は多忙で、会社を経営しているという自負心が強い傾向にあります。事前情報が何もなく、あたりまえのように一からすべてを教えてくださいという姿勢では、「あまりに不勉強で付き合うに値しない渉外担当者」と思われてしまうおそれがあります。メイン行を含め取引銀行はいくつかあるでしょうし、あなたに教えるために時間を割く必要もないのです。

したがって、まずは「付き合うに値する人物」だと認めてもらう必要があります。この場合、事前の情報と面談前に現地を観察した情報から、高い関心をもって知ろうとしているという姿勢を見せつつ、分からないことを謙虚に聞いていきます。当然、帝国データバンクや会社案内、工場や事務所、入居中のビル等を観察した情報を基に、面談に臨みます。

特に中小企業のオーナー社長は忙しいので、社長が常に考えていること（経営課題や資金繰り等）を中心にヒアリングし、併せてどんなことをしているのかを簡潔に、的確に聞き、社長の自負心を満たしつつ、設立の経緯等を聞いていく必要があります。オーナー社長は、自社に誠実に関心を持っているかどうか、また取引するに値する実力のある、向学心にあふれた渉外担当者なのかを見ています。

その会社に高い関心を示し、取引したいと思っている担当者なら、「あたりまえにどんなことをやるだろうか」と考えてみてください。当然、事前に情報を集めるでしょうし、現地でも観察を怠らないでしょう。商品や商流、どんな商売を、どういう体制で、どの程度の規模で運営しているのかを知ろうとするでしょう。そのうえで、何か課題解決に役立てないかという誠実な姿勢が見えるはずです。

その通りにやればいいのです。それが渉外担当者の望ましい姿勢です。

(2) 自己重要感を満たす質問をする

「自己重要感」という言葉を聞いたことがありますか。お金では買えない、人が最も欲しいと思うものです。すなわち、「自分が重要な人物だと思われたい」という感情です。「意義のあることをしている重要人物だ」「欠くことのできない、余人に代えがたい重要な人物だ」と認められたいという感情です。

私自身のことで言うと、

「メガバンクの営業でナンバー1の実績がある」
「本を出したいと自分で営業したら、初めての本がすぐに出版できた」
「メガバンクを依願退職して独立し、生きがいを感じられる仕事をしている」

といったことです。

自己重要感を満たされなかった笑い話をひとつ。私が「富裕層営業でナンバー1」になったときのこと。家族で夕食を取っているときに、中学生の息子と小学生の娘にこう話しました。

「お父さんな、銀行の中の営業成績で1番になって、表彰されることになったんだよ」

「ふーん」（息子と娘）

これどう思います？　これはいけない反応ですよね。やはり、自己重要感を満たす正しい反応をしないといけません。

「えーっ！　お父さん、すごい！」
「どんなことやったの？」
「どんな工夫をしたの？」

こう聞かれたら、そりゃしゃべりますよね。何時間でもしゃべります。とことん聞いてくれた後、

「お父さん、実は欲しいものがあるの」

などと言われたら、

「なんだ、アイポッドか、アイフォンか、アイパッドか？　ええい、３つまとめて買ってやるわ！」となりかねないですよね。自己重要感を満たすとはこういうことです。

もうひとつ笑い話。私が銀行を退職後、自身での営業活動が実り、初めての本の出版が決まったとき。また息子と娘に話しました。

「お父さんな。今度、初めての本を出版することが決まったんだよ」

「へー」（息子と娘）

これもダメな反応ですよね。

渉外担当者はこういう反応をしてはいけません。多少オーバーでもいいのです。（研修で受講生にロープレをやってもらうのですが、このリアクションは多少オーバーなくらいでも問題ないことは実証済です）

「えーっ！　本当ですか!?　すごいですね！」

これが正解です。ちなみに私はこのフレーズをよく使っていました。その後すかさず、「どんな工夫をされたのですか？」とか「何か特別なことをされたのですか？」「どんなきっかけがあったんのですか？」といった質問を投げれば、喜んで、どんどん話してくれます。この次に繰り出す質問が、どんどん相手に話をさせるのに重要です。

ちなみに、中小企業のオーナー社長には、その業種で起業するに至る「それなりの経緯」がありますす。その道で「卓越した技術を持っていた」とか「先見の明があった」とか何らかの秀でたものがあったはずです。創業後も事業が軌道に乗ったきっかけが何かあるはずです。そういうときに発揮された、才能や能力、アイディアに必ず自負があるはずです。そこをうまく聞き出すことができれば、取引に一歩近づきます。その後は、会社や個人のニーズや課題を発掘しそれに応えられれば、より取引が見えてきます。

中小企業のオーナー社長は、医者や地主のように、もともと恵まれた環境にいたわけではなく、まさにゼロから成し遂げたという自負心が人一倍強いのです。そこを理解したうえでヒアリングすれば、法人の実態把握も容易にできるはずです。

①関心のあるものを探して質問する

家にあるものには家族や本人の趣味や嗜好が、色濃く反映されていますから、よく観察して目につくものについて聞きましょう。

「あの赤い車は何という車ですか？」

「車にジャイアンツのキャラクターのぬいぐるみがありましたが、皆さんジャイアンツファンなのですか？」

「ゴルフのトロフィーや楯がたくさん並んでいますね。社長さんは相当な腕前とお見受けしましたが？」

「庭にあるあの黄色い花は何という花ですか。どなたが手入れしているのですか？」

「奥様がお持ちのバッグは何というブランドですか？」

「社長のその腕時計はどちらのブランドですか？」


自身やご家族が「いい」と思っているものが、身に着けているもの、所有しているもの、やっていることには満載です。いろいろ探してみて気づくものがあれば、素直に聞いてみましょう。本人が好きでやっていることであれば、喜んで話してくれ、話は大いに弾むはずです。

②自負していることを聞く

次は本人の自負していることを聞いていきましょう。一般的には男性は自分の職業や、サクセスストーリーを話したがるものです。例えば私なら、銀行の富裕層営業で行内1位になったこと、本を出版したこと、不動産投資をしていること、独立して講師や出版を生業にしていること等々です。

なぜこういったことを聞くのかというと、

「素晴らしいと思っているのに、誰も聞いてくれないから」

です。こんなに自分が頑張って成功したと思っているのに、家族は全然関心がないし、聞いてほめてくれる人もいないからです。しかし、退職したお父さんも、会社の社長も、地主さんも同じようなものです。

なかでも経営者は孤独です。こんなことを面と向かって聞いてくれる人など身近にはいません。そんなとき、自分のことを聞いてくれる人が現れたらどうでしょう。その人に間違いなく良い印象を持ちます。ここまでくると相手が心を開いてくれると思います。

女性の場合は、ご主人が成功者で暮らしぶりが豊かだとか、子供が立派な会社や学校の出であるといったことが自負心につながるところです。また、一般人とは違う所有物や暮らしが自負していることになるので、それらの点を聞いていきましょう（自宅の仕様、別荘や別宅、車、海外旅行等）。

特にお子さんが有名な大企業、難関大学等の出身なら、必ずそこを聞かないといけません。

「それは優秀ですね！」

「どうやったら、そういう風に育つのか教えていただきたいです」

「何か特別に気をつけて育てられた点があるのですか？」

「やはり奥様の教育のお陰ですね」


また、ご本人自体も高学歴であることが多いので、そこについても聞きましょう。

(3)　長々としゃべらず相手が答える質問を発する

「はじめまして。私は近代銀行中野支店の吉田と申します。いつもお世話になっております。私ども近代銀行では現在○○キャンペーンを行っております。○○様は以前から口座をご利用いただいており、普通預金にもかなり預けていただいております。当面この資金をお使いにならないのなら、キャンペーン期間をご利用いただくと、手数料が安くなりお得になります。このキャンペーンに際しましては云々…」

この調子では、あなたの話が途切れたところで、お客様は即座に断るでしょう。このやりとりに欠けているのは、会話はコミュニケーションだという観点です。渉外担当者の会話に必要なのは話すことではありません。話してもらうことです。適切な質問を投げかけて、相手が答える。このやりとりを続けることです。

渉外担当者がしゃべっているのを長々と聞いていることほど、お客様にとってつまらないものはありません。ある金融機関の研修で次のような実験を行いました。

パターン1は、渉外担当者役の人が1分間用意した自己紹介を話す。お客様役は無表情で1分間ただ聞くだけ。パターン2は、営業マン役はパターン1のとおり。お客様役は「へーそうなの」「うんうん」といったあいづちを入れる。パターン3はお客様役があいづちに加え、前のめりになるなど、積極的に聞く姿勢を見せる。

体験者の感想はお客様役は「1分でも聞くだけなのはほんとにつらく、つまらない」渉外担当者役は「パターン1は聞いてくれているのか不安で楽しくない」「パターン3は本当に話すのが楽しい！」というものでした。

この結果からも分かるように、聞いているのは1分でも長く、つまらないのです。また聞き手が好意的な場合は、話すのがとても楽しいのです。だから、営業マンは話さなくていいのです。適切な質問をすることが必要なのです。

聞き役に徹し質問と受け答えに注力する

会話の冒頭は一般的な答えやすい質問。その後は関心のありかを探す、または自己重要感を満たすための質問。コミュニケーションがとれてきたら、あなたが聞きたい質問。そしてお客様の全体像が把握できたら、課題や問題点、現状を放置することで起こりうるデメリット・リスクを認識してもらうための質問。

それらが解決されたときのメリットや安心を認識してもらうための質問を投げかけていき、最終的に商品の提案、成約に導くのが有効です。

これまで見てきたように、渉外担当者に必要な会話のスキルは、適切な質問をすることです。大切なのは、「人とのコミュニケーションには段階があって、その一つひとつをクリアすることが望む結果を得る王道なのだ」と理解しておくことです。そして、お客様とのコミュニケーションという点でいえば、私たちは聞き役に徹し、質問とその好意的な受け答えに注力することが重要なのです。

「気持ちよく話してもらう質問と好意的な反応を磨け！」

営業の基本は、まずは服装、声、表情、立ち居振る舞いで構成される第一印象を磨くことです。お客様から見た「感じのいい銀行員」の目線を徹底できれば、おそらく合格です。次に、コミュニケーションの基本は質問であり、営業マン自体は話す必要はなく、お客様に気持ち良く話してもらうことだと理解し、実践することが重要なのです。

(4) こちらが聞きたいことを聞く

営業の本質は、いわば人とのコミュニケーションです。普段の家族や友人・知人含め、あらゆる人たちとのコミュニケーションでも上手に活用すれば、人間関係がより良いものになるはずです。自分ではなく、他人に気持ち良く話をしてもらうことで、その人はおそらくあなたに好意的な感情を持つはずです。そういった人が自分の周りに増えれば、あらゆることが好転するでしょう。

人間関係のうまくいっていない人は結局、自分のメリットばかりを考えている人だと私は思います。そういった人は周りが協力してくれませんし、敬意も得られないので人を率いていくような大きな責任を任せてもらえません。周囲に良い影響を与えられる人というのは、周りの方が仕事をしやすいようにとか、気持ちよく働けるようにとか、そういったことに気を配っています。

この本を読んでいただいた皆さんには、ぜひ周囲にも良い影響をたくさん与え、尊敬される人になり、より良い人間関係をたくさん作っていただきたいと切に願います。

さて、ここでひとつ質問です。銀行の営業マンがお客様と会ってやるべきことは何でしょう

か。それは、

「お客様の実態をつかむ」ことと「把握した情報を更改する」

ということです。

お客様の全容を常日頃から把握する

例えばデパートの場合、商品の仕入先と購入者が同じになることはありません。納入業者はその商品の製造業者か卸売業者であり、購入者は一般消費者です。またデパートでは扱っている商品が現物として目に見えますから、何があるのか一目瞭然です。一方、銀行の場合は預金者が借主になることも往々にしてあります。また、扱っている商品がお客様に見えないこともあり、商品を選別してお客様に勧めることもあります。

例えば、預金者が借主になる場合を考えてみます。通常は預金額以上に借入れするケースがほとんどのため、貸していい人なのかどうか、という見極めが入ってきます。特に法人の場合は、貸せない取引先であれば、あまり積極的に推進できないということになります。そういった先に時間を費やすことは、銀行にとっても効率的ではないため見極めが必要です。

商品が見えないことにも注意が必要です。借入れできない人に借入れを勧めたり、高齢のお客様にリスクの高い商品を多額に勧めてしまうと、苦情につながるばかりか、コンプライアンス上、重大な問題になります。

そういう判断をするためには、お客様の全容を常日頃から把握するように留意しておく必要があります。基本属性、職歴、資産、負債、収入等を把握するように努めなければいけません。また同じ顧客であっても、場面により提供できる商品が変わるのも特色です。例えば、サラリーマンの場合は口座開設から始まり、ライフイベントによって住宅ローン、多目的ローン、教育ローン、カードローンとニーズが変化します。

運用商品も積立での運用、まとまった金額での運用、ローリスク・ハイリスク、長期での運用等々、時期やニーズによってさまざまです。そういう意味では一時期だけでなく、その動向を常に把握し、必要なときに、必要な商品・サービスを提供し続けなくてはなりません。

お客様実態の情報は常に更改しておく

だから銀行員に大切なのは、お客様が借主になったときにもすぐ対応できるよう、または適切な商品を案内するために、「実態をつかんでおく」ことと、いつ銀行の商品やサービスが必要な時期が来るのか、その情報を常に事前につかむよう「お客様の実態を常に更改しておく」

ということなのです。

こうした動きは、以前なら法人担当者だけに課されていたのですが、昨今では店頭でも個人のお客様を担当する時代に変わってきています。ですから、支店全体という視点で見れば、いかに網羅的にお客様の実態把握と情報更改をして、タイミングよく商品やサービスを提供し、成約できるかが効率的な運営に直結する課題となっています。

「ローン情報が拾えない」「ある商品がセールスできない」ような担当者では情報にムラができてしまいます。お客様と接点をもつ担当者は、広く銀行の商品・サービスを理解するよう努めなければなりませんし、管理者は担当者の情報収集能力を均一にすべく、勉強会等を通じて教育を継続しなければなりません。こういった情報収集をやれ、こういった基礎知識を身につけろ、という管理者の情報発信が極めて重要であると考えます。

仕事の幅を広げ成績向上とやりがいにつなげる

私が管理職をしていた頃の話です。部下の行員は男性総合職が2人（3年生と4年生）、店頭の女性一般職が2人、外回りの女性一般職が1人の計5人で融資、ローン、運用商品、グループ会社収益といった営業成績の項目をすべて請け負っていました。

その支店に着任したときは、融資やローン、グループ会社収益を担当し、運用商品のみ部下に任せるという体制でした。しかし、これでは部下も成長しないし、管理者が他の管理をできないということから、運用商品以外も各担当者に目標を割り振る体制にしました。

しかし、ただ目標を割り振ればいいというものではありません。特に女性の一般職にとってプロパー融資、ローン、不動産、相続といった項目はまったく予備知識がありません。そこで、グループ会社に勉強会を開催してもらったり、不動産投資の基礎や住宅ローンの考え方を教えたり、お客様との面談に同席したりして、少しずつ基礎知識を身につけてもらうとともに、考え方やヒアリングの仕方などを教えていきました。

その結果、そういった情報を意識してヒアリングするようになり、徐々に実績につながる情報を拾ってくるようになりました。

現在、金融機関の現場では女性や若手をどう活用し戦力化するかが、喫緊の課題となっています。これから、お客様と接するあらゆる担当者には、運用商品だけでなく融資、ローン、相続や不動産の知識が求められてきます。

また、こうした業務を理解しスキルを身につけることは、自身の仕事に必ずよい結果をもたらします。情報収集の項目が増え、いつも運用の話しかできなかったお客様に、違った切り口からヒアリングし、運用以外のニーズにも応えられるようになるのですから、仕事の幅が広がり面白いと感じるはずです。またそれにより、担当者自身の成績向上にもつながることで、実利も伴いやりがいを実感するはずです。

そして、スキルが上がることで評価も上がります。人間は新しいことにチャレンジすることで、今までと違った体験ができ、それが面白さにつながります。何年も同じことばかりをやっていると刺激がなく、つまらない日々を過ごすことになってしまいます。常に新しいことにチャレンジし、いきいきとした毎日にしたいものです。

6. 事前準備を怠らない

訪問計画は余裕を持って立てる

お客様の情報を調べる作業は極めて重要なことです。すべての取引先についてではありませんが、特に重要な法人担当先、個人担当先、なかでも融資がある先についてはしっかりと内容を把握しておきます。

融資というのは無条件で開設できる預金取引とは違います。銀行の審査が通って許されるものです。ですから、お客様は特にそこに自負があります。一定の水準を満たしたお客様であること、銀行を預金以外で儲けさせている「本来のお客様」であること、間違いなくそう考えています。そんなお客様のところに融資していることすら知らない、その内容自体を知らないような担当者が訪問したらどう思うでしょう。失望されてしまいますね。怒りを覚える人もいるかもしれません。

一度お客様の自己重要感を損なってしまうと、挽回するのに大変な労力を必要とします。もしかしたら、担当を代えろというクレームに発展するかもしれません。ただ融資の内容を調べなかったことが、数多くのデメリットをもたらすおそれがあるのです。こうした行動は、銀行と取引先の今までの関係に甘えた結果だと思います。

営業の基本、コミュニケーションの大切さが分かっていれば、お客様目線で考えたときに、事前に準備していくことは何かが分かるはずです。そこは周到に準備しておく部分です。こういったことができないのは、訪問計画を当日やっつけで作っているとか、準備に時間をかけない習慣が原因のことが多いです。

そこで、訪問計画を余裕をもって立てることを習慣にしてください。また、お客様目線で、訪問してくるあなた自身を想像してみてください。どんな質問をするのか、どんなことを聞きたいのか、そういう想定をしてみれば、そのために必要なやるべきことが見えてくるはずです。思いつきでの訪問は有効訪問につながりませんし、お客様の時間もムダにしてしまいます。目的をもって訪問する習慣もぜひ身につけてください。

ここで想像してみましょう。

取引内容を把握したうえで訪問する

あなたはアパートローンを２棟で１億５０００万円借りているお客様です。Ａハイツ１棟で１億円、Ｂハイツ１棟で５０００万円の残高があります。融資当初の担当者は足しげく通ってくれていたのに、実行後は担当者が何人か交代し接点が薄れています。現在は他行の担当者が通ってきており、肩代わりの提案を受けています。そんなときに担当者が代わり、先日訪問を受けました。今回は新担当者が初めて単独でやってくるようです。

こんな展開になると最悪です。

「こんにちは。近代銀行の中野支店の吉田です。先日はありがとうございました。先週末が前任者野口の最終日でしたので、それ以降お客様を単独で訪問しております」

「そうなんですか」

「改めて拝見させていただきますと、本当に立派なご自宅でいらっしゃいますね。こちらには何年くらいお住まいなのですか？」

「野口さんから引き継がれていませんか。うちは父の代からおたくがメインバンクで、ここが元々の私の実家なんですよ」

「そうでしたか。それは失礼いたしました。ところで、ご主人様は、以前どのようなお仕事をなさっていたのですか？」

「以前もなにも若い頃に父が他界したので、父の不動産賃貸業を引き継いでいるんですよ」

「失礼いたしました。不勉強で申し訳ありません」

「今日は融資の内容について聞こうと思っていたんだけど、その様子ではよく分かっていないようだね」

「すみません。今日はとりあえず単独で訪問させていただこうと思っただけで、お取引の詳しい内容は見てきませんでした」

「銀行さんは取引内容をちゃんと引き継ぐものだと思っていたけど、最近はそうじゃないみたいだね」

「いいえ、引継ぎはさせていただいております」

「じゃあ、内容をきちんと分かったうえで訪問してくれないと困るよ。担当者が代わるたびに一から話さないといけないと、手間がかかって仕方ない」

「申し訳ありません。」

「今日はいいよ。今度はちゃんと融資について調べてから来てよ」

あたりまえにやることを頭に入れておく

銀行取引に自負のあるお客様ほど、気をつけなければなりません。お客様から見れば担当者が代わったのは銀行の都合であり、お客様にとっては関係ないことなのです。こんなやりとりがあっても対応をしてくれるお客様や、苦情でも言ってくれるお客様ならいいのですが、何も言わずに去っていくお客様がいるのも事実です。

このやりとりを上司に報告せず、お客様が他行との接触を続けていたら、ある日突然、他行での肩代わりを申し出されるかもしれません。そのときになって、このやりとりを告げても後の祭りです。融資のある担当先や、取引残高の大きい主要取引先は、必ず取引内容を把握したうえで訪問するように心がけてください。

途上の引継案件がある場合は、すぐに進捗を図る必要があります。取引関係に甘えることなく、あたりまえにやることを整理して面談に臨むように徹してください。ちゃんと頭に入れておけば、次のようなやりとりになるはずです。

「こんにちは。近代銀行中野支店の吉田です。先日はお忙しいところお時間をいただき、誠にありがとうございました。前任の野口も正式着任をいたしまして、現在は私も単独でお客様回りを始めております」

「そうなんですか」

「ご主人様は、お父様の代から当行をメインにしていただいているんですね。アパートを新築される際にもお借入れいただき、大変ありがとうございます。私もお役に立てるよう一生懸命頑張ります」

「ところで佐藤様はアパートを2棟お持ちでいらっしゃいますね。確か2棟ともワンルームタイプでしたよね。最近の賃貸需要はいかがですか。現在も満室経営を続けていらっしゃいますか？」

「おかげさまで、退去があってもすぐ入居が決まるので助かっているよ。ただ周りに新しいアパートもたくさん建ってきたので、家賃は1割くらい下がってきているんだ。最新設備のものが建つと家賃を下げないと入居が決まらなくてね」

「そうですよね。築年数が経ってくると、当初の家賃を維持するのはかなり難しくなってきますね」

「ところで今の借入残高と金利はいくらだったかな？」

「1億円が変動金利で2．5％、5000万円も変動金利で2．2％ですね」

「実は今、他の銀行さんから肩代わりの提案を受けていてね。2．0％程度ならできそうだと言われているんだよ」

「本当ですか？　もっと詳しく教えていただけますか？」

「ああ、いいけど…」

取引の歴史を勘案してくれることも

この場合は、相手の条件等を把握したうえで、肩代わりの費用をかけてもお客様にメリットがあるかとか、若干の金利引下げで肩代わりを回避できるかとか、策を練る時間があります。肩代わりは費用も手間もかかるので、わずかな金利差ならお客様にとって面倒なだけです。対応がスムーズで誠意を感じてもらえれば、取引の歴史を勘案し若干のデメリットには目をつむってくれることもあります。

ただ、前者のように対応に不備があり後手に回ってしまうと、挽回不可能となるケースもあります。初動で心証を害すると修復が不可能にもなりかねません。ちょっとした準備を当然に実施して訪問するということを、ぜひ習慣にしてもらいたいと思います。

7．お客様は勝手に話してはくれない

基本情報を確認するために質問する

営業の基本のところで述べましたが、お客様に気持ち良く話してもらうためには、ステップを踏まないといけません。いきなり「あなたの年収は？」なんて聞いても誰も答えてくれません。ですから最初は答えやすい質問を投げかけることになります。

ただ、取引のない新規先でない限りは、一定の基本情報は銀行にあります。取引残高、年齢、住所、世帯取引、担当者のいる顧客なら趣味や取引経緯等の情報はストックされています。既存のお客様との関係で言えば、基本情報を知っていることに悪い印象は持ちません。逆に基本情報さえも知らないと、取引しているお客様からすると自負心をつぶされたように感じ、いい印象を持たれません。

また、自分のことを知ろうとしてくれていることに対して悪い印象はまず持ちません。ただし、ステップを踏みながら聞けばの話です。そう考えると、基本情報を確認するために質問していくのが無難です。例えば、取引がすでにある個人のお客様の場合は次のように進めます。

「佐藤様、初めまして。近代銀行中野支店の吉田と申します。日頃からお取引いただき誠にありがとうございます。お取引の内容を確認させていただいてから来たのですが、ご家族も含め随分長くお取引いただいているんですね」

「そうなんだよ。もう40年以上になるかなぁ」

「40年以上前というと佐藤様が20歳過ぎくらいからですか。やはりお給料の受取口座としてお作りいただいたんですか？」

「そうなんだよ。父と母もおたくをメインで使っていたからね。自宅からの通勤途上でもあり、便利だったしね」

「そうでしたか。大変ありがとうございます。こちらは佐藤様のご実家ですか？」

「そうだよ」

「確かお子様がいらっしゃいましたね。こちらでご同居されているんですか？」

「長男は独身でここに住んでいるよ。長女は去年埼玉に嫁いでしまったけどね」

「そうですか、去年ですか。それじゃあ、少しさびしいですね」

「まあ、いつまでもいられてても、それはそれで困っちゃうしね」

「それもそうかもしれませんね」

「ところで、佐藤様は最近退職されたんですよね」

「そう、もう3年になるかな」

「失礼ですが、以前はどういったお仕事をされていたんですか？」

「近代商事に勤めていたんだよ」

「近代商事ですか？　超一流企業ですね！　具体的にはどんな仕事をされていたんですか？」

「マレーシアに10年間駐在してね。日系企業が進出する際のサポートを担当していたんだよ」

「そうでしたか。今でこそマレーシアは身近になりましたけど、当時はご苦労も多かったのではないですか？」

「そうだね。当時は海外進出する企業がまだ少なくて、こっちも一から仕事を作っていく段階だったんだ。何でも自分でやらないといけなかったし、大変だったなぁ」

「ここだけの話、A社さんやB社さんの進出は、私がお手伝いさせてもらったんだよ」

「えぇーっ、本当ですか!?　すごいスケールの大きなお仕事ですね！」

「そうだね。大変だったけどやりがいのある仕事だったね」

「失礼ですが、ご長男も大企業にお勤めなのですか」

「近代不動産だよ」

「ご長男も立派な会社にお勤めですね」

この辺りまでは、知っていることを発信しながら、答えやすい属性についての質問を行うことで基本情報を確認しています。ここでは徹底的に、出身地や家族構成、職歴等を把握してください。それを知るだけでも、自負しているものが見えてきます。

この例で言うとブランドです。誰もが知っている一流企業に、ご自身も家族も勤めているという自負。こういう方はご家族も高学歴で、一流企業勤務ということが往々にしてありますから、この一流であるという自己重要感を満たしてあげなければいけません。

さて次のステップでは、いよいよ私たちの商売につながる部分を質問していきます。それは資産や負債、収入といったものです。次のように聞いたらどうでしょうか。

「ということは、佐藤様が当行にお預けいただいている預金は、こちらが実家であれば住宅ローンはなかったでしょうから、現役時代の蓄えと退職金をそのまま預けていただいているのですか？」

「そうだね。幸い実家に住んでいてローンはなかったからね。退職金も使い道が決まっていなかったので、そのまま預けっぱなしだね」

「ありがとうございます。ただ、預金にしておいてもなかなか増えません。消費税が３％上がったのに、預金金利は１年定期でも０．０４％ですから、実質目減りしています。さらに、最近は急激な円安で輸入品が値上がりしています。何もしないとその分実質は減っていることになります」

「そうだよね。支払うものは数%単位で上がってしまうけど、もらうほうはまったく増えないよね」

「佐藤様のご預金は、今までのお給料や退職金で蓄えた大切な資金です。あまりに高いリスクをとって運用する性格のものではないと思いますが、どうお考えですか？」

「株なんかにたくさん投資して損したら大変だ」

「でしたら、そのようなお考えを踏まえて、一度運用についてご提案させていただけませんか。銀行のお客様は証券会社のお客様と違って、安定した運用を望まれる方がほとんどです。銀行にはそういうお客様に適した運用商品が多数ございます。一度、お話を聞いていただけないでしょうか。今週か来週に改めて訪問させていただきたいのですが、25日の金曜日はいかがですか？」

「大丈夫ですよ」

「では、25日金曜日の16時でよろしくお願いいたします。本日はありがとうございました」

説明の手順をパターン化してトークを磨く

こういう具合に面談を締めくくることができれば、次回、成約する可能性は極めて高くなります。もし、このまま提案できるのなら、セールスを展開しても成約の可能性は高いですね。このお客様の場合は、実家に居住しており一流企業の出身、子供も独立しており大きな資金の使い道はない。生活には余裕があり、資金の性格からも大きくリスクをとって増やす必要がないことが想定できます。

大きな損失をこうむるおそれのある運用は行う必要がありませんし、本人も安定運用を望むはずです。そこを踏まえて（想定して）、話を展開したり、運用提案を行う必要が出てきます。

セールスに必要なのは、やらないことでこうむる損やデメリットを認識させる質問や話をすることです。この場合は消費税のアップや輸入品の価格上昇です。具体的に数字にする場合もあります。1年間に300万円支出するなら、年間9万円の負担増になる一方、預金はほとんど増えないことも認識してもらいましょう。

1000万円でも1年間で税引後3200円しか増えないとか、300万円なら960円しか増えないなどと、説明の手順を自分なりにパターン化して、トークを磨いていくことが重要です。事前の情報や現地で気づいたことを面談の前半の段階で質問していけば、お客様は答えてくれます。そのために情報が必要になるのです。

また、ステップを踏んで会話を進めていくため、自尊心を傷つけて面談を壊すことのないように、事前に分かる情報は絶対に調べておかないといけません。また、事前にアポイントが入っていれば、その間に思いを巡らすことができるので、活動しやすくなります。アポイントがしっかり入っている日々を作り、事前の情報を使ってお客様にしゃべってもらうことを忘れないようにしてください。

8．効果的に情報を引き出す

お客様の全容と状況の変化をつかんでおく

効果的に情報を引き出すとはどういうことでしょうか。それは、「極力短い時間」で「自分の聞きたい情報を引き出す」ということです。ここで注目して欲しいのが、「自分が知りたい情報」です。銀行員が知っておかなければならない情報とは、まずお客様の全容です。全容を把握したうえで、接触の都度、情報を更改していきます。

なぜなら、刻一刻と変化するお客様の状況により、銀行のビジネスチャンスが変化するからです。そして、時機を的確に捉えて、適切な商品・サービスを提案して成約を実現する。これが銀行の渉外担当者に求められる姿勢です。

ですから、お客様と面談するときには全容と状況の変化をつかみ、商品・サービスに結びつくものがないか探ることにあります。自身が把握している状況を確認し、全容の何が分かっていないのか、またどのような変化について聞いていくのかを頭に入れて、面談に臨まなければなりません。目的をもって面談に臨むということです。

目的もなく漫然とお客様との面談に臨むと時間がムダになりますし、何の情報も得られない面談となるおそれもあります。時間は有限です。１日の面談すべてが有効という理想の営業活動の日々を目指して、目的をもった面談が必要なのです。そこで、銀行員が必要とする情報を次にまとめました。

①出身地
②最終学歴
③職歴（所属した会社と職種《営業・開発・人事等》）
④サクセスストーリー（経営者なら起業経緯・軌道に乗ったきっかけ等）
⑤家族構成（両親・兄弟・子供・孫など、居住地も含め）
⑥資産

ア．不動産（自宅、それ以外）
イ．預金（銀行取引から金額まで）
ウ．その他（株・保険・ゴルフ会員権等）
⑦負債（住宅ローン・アパートローン等）
⑧収入（事業・年金・不動産・配当等）
※ここでは個人顧客をイメージしています。

ビジネスにつながる情報を入手する

これらが実態把握に必要な項目です。そして面談のたびに、これらの情報に変化がないかをヒアリングしていきます。実態を把握していれば、それを基に自分の聞きたい情報に変化がないかを聞けばいいので、時間が効率的に使えます。

例えば、住宅ローンの案件を拾う必要があれば、何を聞きますか。やはりお客様自身や家族のことですよね。本人や子供、孫に住宅購入のニーズはないか？　借換え対象になるローンはないか？　もっと広げれば甥っ子や姪っ子は？　となりますよね。

お客様が地域の情報通であれば、近所の住宅関連情報を持っているかもしれません。日頃から情報を仕入れようとヒアリングしていれば、アパートローンの情報が取れることもあります。

ストックした基本情報に変化がないか？　銀行のビジネスチャンスにつながる変化はないか？　販売商品につながる変化がないか？　そういったことを、面談しながら常に探って質問する。それがお客様と面談するときの目的です。

その結果、何らかのビジネスにつながる情報が入手できたら、その面談は有効な意味のある面談だと胸を張っていいのです。そこから、成約にいたるまでのアプローチを積み重ねていくことになります。

お客様についての情報があればあるほど、知りたい情報を得るための労力は少なくて済みます。話を弾ませることも容易でしょう。お客様との面談の際に投資信託の状況しか話せない営業マンは、間違いなく案件に行き詰まります。どこに行ってもそれしか話せないと、ほかのビジネスチャンスの機会が得られないのです。

目の前の運用実績が欲しいばかりに、そのことしか話せないと、お客様にある「本当のおいしい情報」を見逃してしまいます。全容の把握とその情報の更改が、お客様との面談目的であることを絶対に忘れないでください。

不動産の内容についてヒアリングする

実態把握の際に注意して欲しいことがあります。それは、直接的に金額を聞かないということとです。どういうことかというと、自宅の価値を知るのに「佐藤様のご自宅は時価でいくらくらいですか？」といった質問は、あまりに直接的すぎて嫌悪感をもたれます。もう少し間接的に「ご自宅は何坪くらいあるのですか？」のほうがよいのです。

坪数が分かれば地域の坪単価はすぐ分かりますし、毎年国税庁から発表される路線価を、堅く見た場合の時価と考えることもできます。50坪で㎡あたりの路線価が20万円だとすれば、50坪×3.3㎡×20万円で3300万円位の価値だなと分かります。

続いて「不動産は自宅以外にもお持ちなのですか？」と聞いてみましょう。

「隣りの駐車場もうちのなんだよ」

「こちらの土地は何坪ですか？」

「50坪だよ」

これでまた資産価値が分かります。

「最近はアパート投資をする方も多いようですが、収益物件もお持ちなのですか？」

「あそこもうちのアパートだよ」

「たくさんお持ちなのですね。あちらは何坪ですか？」

「１００坪だよ」

「１００坪！　広いですね。どういう間取りなのですか？」

「２ＤＫで８部屋だよ」

「この辺りだとお家賃は１部屋６万位になりますか？」

「いや、７万円だよ」

「７万円ですか。いい運営をされているんですね。空室はありますか？」

「満室だけど」

「満室ですか！　この周辺は空室も多いと聞いていますが、すごいですね。何か工夫をされているのですか？」

資産や収入は間接的に聞くように心がける

不動産についても、月間収入はいくらかと聞くのは簡単ですが、このように間接的に聞くほうが、実態もよく分かりますし、収入もはっきりします。こうして実態をつかんでいくのです。

もうひとつ例をあげると、例えば病院の収入を聞くときにも、「年間の医業収入はいくらですか？」と聞いてもいいですが、少しぶしつけな感じがしますね。

そこで、こんな風に聞いてみましょう。

「奥さん、先生のところはいつも患者さんが多いですね。今でも患者さんが10人以上お待ちになっていますね。1日平均で何人くらいの患者さんがいらっしゃるのですか？」

「いつも忙しいの。1日で少なく見ても30人くらいじゃないかしら」

「30人ですか！　先生お1人で全然休めないじゃないですか！」

「おかげさまで、たくさん来ていただけるのよね」

これで年間収入が分かります。

あとはネットで医業種別の患者1人あたりの平均医業収入を調べます。まあ普通に考えても、町医者で患者1人あたり5万円はないでしょうし、500円もないでしょう。常識的なレベルを外さなければ、大体の年間収入は想定できます。

そこから看護師が何人いるか、家賃はいくらくらいか、といった大きな支出を勘案すれば手元に毎月いくらくらいが残るのか想定可能です。そこから生活費を差し引けば、月々の手元に残る資金が粗々算定できます。

注意して欲しいのは、知りたくても直接的に聞かないことです。

「年間収入はいくらですか?」

「売上はいくらですか?」

「人件費はいくらですか?」

「遺言はいかがですか?」

「相続対策はいかがですか?」

「販売先をご紹介しましょうか?」


何かぶしつけな、何の工夫もない、不勉強な質問に感じませんか。さりげなく、その構成要素を聞くほうが相手も答えやすいし、より具体的に実態が把握できるのです。

セールスにおいて実態把握もせず「○○はいかがですか?」と聞くより、相手の困っている状況を把握して、それなら「こういったものがありますよ」と話すほうが、成約の確率は高いと思いませんか。功を急くばかりにあまりに直接的に、短絡的に質問をすることは避けたほうがいいのです。

知りたいことを知るためには工夫が必要なのです。皆さんも相手が答えやすい質問をぜひ、試行錯誤して見つけてください。

9．勉強の努力を怠らない

(1) 商品知識

これは自分がやってきたのでよく分かるのですが、銀行の渉外担当者は商品知識に不安のあるものはセールスしません。セールスが得意な商品のトークは次のような感じです。

「そうですよね。預金にしておいても増えないですし、支払うものは数％刻みで増えていくばかりですよね」

「ですが、こういった商品も銀行にはあるのです」（さっとパンフレットを出す）

「お客様のこの1000万円をまず一括でお預けいただきます。契約期間は10年なので10年後には必ず1030万円で戻ってまいります。単純に考えると年率0．3％の利回りですね」

「1年定期が0．04％ですから10倍近い利回りになります。ただ途中で解約しますと、3年未満の場合は当初預けた1000万円より減ってしまいます。ただし、表を見ていただければ分かりますが、大幅に減るわけではありません。それ以降は途中解約しても減ることはありません。しかも、契約したときに何年で中途解約したらいくらで戻ってくるのかが決まっていますので、安心ですね」

「ですので、10年預け入れても大丈夫という資金で運用いただくことが大前提となります。佐藤様の場合は、今日のお話を伺う限り、この資金は大丈夫ですね。ただ、万一解約が必要になっても、３年を超えれば減ることはありませんので安心です」

「10年経てば一括で受け取ることもできますし、そこから指定した期間で年金として受け取っていただくこともできます。10年はお使いにならない予定の資金ですし、利回りも預金に比べたら断然いいです。預金においておくより、この商品に預けたほうがいいと思いませんか？」

「そうだね」

「ありがとうございます。それでは、この申込書に…」


とてもスムーズな展開ですね。

得意な商品の場合は、いつ、どこでも、だれにでも、自信を持って、パンフレットがなくても成約に至るくらいの説明ができます。成約したい商品があるならこうでなければいけませんね。一方で、自信のない商品のトークはこういう感じです。

「えーと、この商品は最初に５％の初期手数料が取られて運用が始まるんですね。それで何で運用するかというと、えーと、あっ、確かこのページに、あっ、ありました。えーとこの3種類の運用から、選んでもらうんですね」

「それぞれの運用実績は、ここに記載されておりまして、えーと、どう見るんだっけ…。あっ、分かりました。この表は1990年から、それぞれ10年間運用した場合に、最終的にいくらになったかという試算が表になっています。えーと、ここだけマイナスになっていますね。えーっと、これは何だったかな。あ、リーマンショックをはさんでいる年だからですね。まあ、総じて10年の長期にわたって運用すればマイナスにはなりづらいということがいえるということですね」

「それで10年預けた場合、万一減っていた場合は10年の年金として受け取ると、総額で預け入れた資金が戻ります。あっ、違いました。15年でした。すいません。増えていた場合は一括でも、年金としてもどちらでも受取りができます」

「えーと、中途解約した場合はですね、えーと、確か、そうだ。減っている場合は減ったままで戻ってきますので、そこは注意してください。いかがですか?」

「いらんわ!」ですよね。

自信のない商品だと、パンフレット見ながら、ただ思いつきのように分かることを、汗をかきながら説明するだけになるので、商品の優位性が伝わらず、デメリットばかりが目立ってしまう展開になりかねません。これで、お客様から質問があったりすると大変です。「えーと、ちょっとお待ちください」といって、パンフレットをめくりまわし、沈黙が続き、焦り、誤った説明をしてしまいかねません。

特徴を魅力的に伝えるシナリオが必要

こんな商品説明で、果たしていいのでしょうか。もし、このままでセールスしているなら、やはり努力が足りないと思います。

なぜ、商品説明くらいもう少しまともにできるように努力をしなかったのでしょうか。ひとつの商品を理解するのに、実際どのくらいの時間がかかるでしょうか。通勤電車のなかでパンフレットを読み込む程度で、商品内容自体は頭に入るのではないでしょうか。

成約にはより特徴を魅力的に伝えるシナリオが必要だと思いますが、商品の内容さえ頭に入っていれば、そう時間のかかるものではないはずです。自分の仕事の価値を高めるためにやるべきことより、他のことに時間を割いているからそうなるのです。真に必要なものをまず最優先に取り組むべきです。

もしそういう気にならないのなら、あなたが１日の大半の時間を費やす仕事で意義を感じる成果を得るのは難しいでしょう。そのような姿勢で取り組む限り、それに見合ったものしか手に入れられません。

そこで、お客様目線で見たときの「当たり前」を自分に課しましょう。ちょっとした習慣が身について毎日少しずつでも積み重ねていけば、1ヵ月、3ヵ月、半年、1年でものすごく大きな成果につながるのではないでしょうか。

毎日、帰宅後の時間もすべて勉強にあてろというわけではありません。毎日の30分の繰り返しでいいのです。自分自身が選んだ仕事を意義あるものにするために、努力を怠らないようにするのです。

効率的に商品知識を習得するには、次のように行います。

①代表的な商品の習得

投資信託：国内債券・国内株式・リート・バランス・海外債券・海外株式・海外リート・バランス・新興国・旬なもの等

保険：定額年金保険・変額年金保険・終身保険・医療保険・学資保険、国債：個人向け国債

外貨預金：米ドル・ユーロ・豪ドル・ニュージーランドドル等

まず、種類ごとに代表的な商品の知識をしっかりと身につけ、そこから機能の違う商品群を

増やしていけばよいでしょう。

②新商品の知識を習得

昨今は、銀行も証券会社並みにマーケットの状況に合わせて、旬な商品をタイムリーに発売する傾向にあります。そのため、新商品が高い頻度で発売されます。新商品は発売されるタイミングで都度、セールスを実践してみるのが一番手っ取り早い方法です。あいまいなまま放置すると、絶対にセールスをしないので、結局身につかないままになってしまいます。

そんな経験があるなら、ここで決意を新たにして、新商品は必ずセールスを実践すると決意してください。一つひとつ確実に身につけていけば、大変なことではありません。都度必ずセールスすると決意し、実践してください。

(2) 関連知識

関連する知識とはどういうものでしょうか。代表的なものをあげてみます。

①株や為替のマーケット状況
②投資への資金分配の基本的考え方（三分法）
③投資の必要性を訴求する考え（インフレとの関連・ゆとりある年金額等）
④介護や医療費についての現状

⑤相続の現状
⑥所得税
⑦相続税
⑧法人税
⑨不動産関連
⑩財務関連
⑪融資関連
⑫商流

書籍や雑誌で動向や背景を理解する

関連する知識は、お客様の現状を把握する際や、商品やサービスの必要性を認識してもらうために必要なものです。これらを身につけるには、行内の資料や商品のパンフレットのほかに、新聞、雑誌、専門誌、書籍などさまざまな媒体の利用が考えられます。これが正解といった情報収集法はないのですが、やはり普段から自分の仕事に関連するあらゆる記事に関心を持っていることが鍵となります。

普段から関心を持っていると、情報が自然と目につくようになります。私の場合、退職時は個人営業部門の管理職だったので、自然と「マーケット」「税金」「相続」「不動産」「保険」「投信」に関連したメディアの記事は目に入ってきました。関心のある書籍や雑誌はすぐ購入し、昨今の動向やその背景を理解するとともに、自身の営業活動にも役立つものは取り入れるようにしていました。

かつて銀行では、法人担当、個人担当（含む融資）、個人担当（預かり資産）、ローン担当といった役割が決められていましたが、昨今は人員が少ないうえに女性の活用も求められていることから、あらゆる行員がローン、融資、相続対策などを理解していなければなりません。関連する知識がないと、課題を探っていく前の情報収集の段階で、お客様からこの担当者は分かっていないな、と見限られてしまいます。何より自信がないとヒアリングできません。関連知識を使って具体的な質問を投げかけ、実態を把握し課題をあぶりだしていくのです。商品やサービスの必要性を訴求するのに必須ですから、日々最新情報をインプットしブラッシュアップしていきましょう。

⑶　事務手続き

一方で事務手続きも重要です。申込書類とそれに付属する書類については、説明したうえで記入箇所等を示し、申込意思を確認した後で記入してもらうなど、スムーズに終わらせなければばなりません。不備があるとお客様に迷惑がかかるうえ、担当者や銀行の信用にもかかわります。事故につながることもありますから、締切が設定されているものには特に注意が必要です。

事務知識が乏しいまま受け付けてミスが生じると、事務を担当する行員、その上席、自課の上席、本部の担当者等多くの人の時間をロスしてしまいます。不安のあるものは事前に確認するなど、注意しておかなければなりません。そのため、普段から事務処理の変更や新商品の手続き等は必ず押さえておくように、習慣をつけておきます。

これも商品知識と同じで、後回しにしていると永遠にそのときはやってきません。その挙句、必要に迫られるときに問題を起こし、お客様や他の行員を巻き込んでしまうのです。

10. 営業で最も大切なこと

(1) セールスのシナリオを描く

ここまでは、面談の初期段階で感じのいい渉外担当者との印象を持ってもらい、答えやすい質問をして面談を成立させていくことを説明しました。しかし、営業で最も大切なものは「いかに熱意をもって毎日の営業活動を継続できるか」です。

実はこれが最も重要です。なぜなら、渉外担当者は日々多くのお客様と面談するため、望まないことや拒否されることは日常的にあり、叱責されたり批判されたりもします。しかし何があっても、次のお客様には感じの良い渉外担当者として接することが求められます。小さなことを引きずって、ベストで臨めないようではいけないのです。

営業というのは、組織を代表し大切なお客様へ商品・サービスを提供する意義のある仕事です。その成否が支店の業績に直結する、大変重要な仕事なのです。また、自分自身の創意工夫により、いくらでも可能性を広げることができる仕事です。やりがいがないはずがありません。やりがいが感じられないなら、あなた自身の考え方を変えるべきです。

うまくいっていないのなら、手を変え品を変え改善をしていかなければなりません。すぐ結果が出るものではありませんから、知識を積み上げて実践し、改善を続けていくしかないのです。そうすることが、いずれ良い結果につながってきます。

私が現役時代は、毎朝鏡に向かって「自信満々、やる気満々、競争心があって、集中力が持続する！　ヨシッ！」と言ってガッツポーズをしていました。今でもやる気を出したいときにやっています。皆さんも言葉とポーズでやる気のある状態を作ってください。

モチベーションを上げる方法

モチベーションを上げることの重要性は、どの業界のトップセールスも述べています。営業に入る前のセットアップ、心の準備と位置づけています。朝、歌を歌ってシャワーを浴びる、モチベーションの上がるセリフを唱える、挨拶を会う人会う人に大きな声でするなど、さまざまな方法があるようですが、共通するのは営業に必要な状態を、声と身体で意識的に作るということです。そうすることで心もその状態に入るということなのです。

いくら知識があっても、いくらノウハウがあっても、モチベーションが上がらなければ役に立ちません。逆に何もなくても、高いモチベーションさえ保てれば、ゼロからノウハウを生み出していけるのです。何ものにも勝る必要不可欠なもの。それは、毎日モチベーション高く保って活動するための習慣だということを胸に刻んで欲しいと思います。

相手の立場に立ってシナリオを描く

営業でお客様に了承してもらうためには、どういう状態にもっていけばいいのでしょう。優越的な立場を利用して、不本意であっても「YES」と言わせることでしょうか。人がYESと言うときは「自らがそうしたい」と思うときですから、「売り込まれてしぶしぶ了解した」のではなく、「私が望んで決めた」というお客様の状態を作らなければいけません。

そのために、感じのいい渉外担当者になって手順を踏んで質問し、お客様の実態を把握し、ニーズや課題を見つけてセールスを展開する必要があるのです。成約に結びつける際に必要なのは、相手の立場や属性、経歴、考え方等を考慮したうえで、どんな風にセールスを展開するのかを考えることです。

すべての案件においてではありませんが、ここぞという場面では展開を頭に描いていないといけません。営業の場面では強く意識していなくても、皆さんシナリオを描いてセールスをしています。商品説明ひとつとっても、メリットやデメリットをお客様の状態に応じて説明し、クロージングに持ち込んでいるはずです。

例えば、運用のメリットを説く場合は、運用しないままではインフレになると、資産が実質目減りしてしまう。消費税などの増税によっても支出は増えるため、防衛しないといけない。一方、この運用商品では過去のデータや専門家の見方などから、こういった手堅い運用になる可能性が高いと思われるなどです。特に重要な案件の場合は、「話の展開＝シナリオ」をじっくり練っておく必要があります。

ところで今までの面談を踏まえたうえで、以下の３点に留意してシナリオを作りセールスに臨んでください。

・やらないことによるデメリット
・やることによるメリット

・相手の立場に立つ

(2) 個人資産家へのセールス事例

私の現役時代のセールス体験です。成約したのはグループの信託銀行の「遺言執行予諾契約」です。「遺言執行予諾」というのは、お客様が万一亡くなった場合に、お客様の全資産（預貯金・株・不動産等）の名義変更手続きを、遺言に記載されたとおりに信託銀行が行う契約です。

これにより、グループの信託銀行に将来入る手数料を確定できることになります。成約時点では発生していませんが、将来、確実に信託銀行に入ってきます。こういうグループ会社の「みなし収益」を成約することは、現在の銀行にとって重要な業務になっています。概算では全資産の１％程度が手数料益になると計算していました（資産10億円だと１０００万円）。

しかし、成約まで時間がかかるうえ、なかなか発掘できないので、期初から案件発掘に動いて、今期の成約を周到に狙っていく必要があります。大きな案件であれば、１件の成約で期の目標を達成できることもありますし、複数の成約を積み上げて達成することもあります。

このころは期も終盤に差し掛かっており、案件を成就させれば目標が達成できるという状態でした。当時、私は業績の統括責任者だったこともあり、何としても成約させたいと思っていました。

すでに担当は若手行員に引き継いでいましたが、支店に着任したときは、私が直接担当していた資産家のお客様でした。もともと地主の家系で、実父は逝去され実母（80代前半）が多くの不動産を相続し総資産は20億円を超え、当行で「遺言執行予諾契約」を契約済でした。ただ、次期当主であるお客様自身も5億円程度の資産をお持ちでしたが未契約でした。

遺言執行予諾契約の手順としては、現在本人が亡くなった場合にいくら相続税がかかるかを試算します。次に相続人にどう資産を配分するかを本人が決め、そのとおりに遺言を作成し信託銀行に保管させます。同時に本人が亡くなった際の全資産の名義変更について、信託銀行が実施するという契約を結びます。

実母が亡くなったときの手立ては講じられていますが、60歳の本人が先に亡くなってしまった場合については、何もされていませんでした。その場合に備えて、本人の契約が必要だと考えていました。

若手担当者と事前に何度か面談し、意向を探っていた時点では、お客様から「自分の分は必要なら自分で書きますよ」「まだ早いでしょう」といった発言があり、担当者は、成約は難しいと考えているようでした。ただ、私はお客様の属性を考えた場合、対策を万全にするには絶対に必要だと思っていました。いよいよ、信託銀行の資料ができ上がり、面談の日時が迫ってきました。面談前日までどうセールスを展開すべきかを考え、面談の日を迎えました。

お客様の属性は次の通りです。ひととおり挨拶を済ませて近況の把握等を終えてから、本題に入っていきます。

・本人（地権者一族の当主・60歳・公務員を退職直後・総資産5億超）
・実父逝去
・実母80代前半・総資産20億円超・当行にて遺言執行予諾成約済
・妻（不動産事業には関与せず）
・娘3人（長女既婚・次女独身・三女独身）
・長女を後継者と決めてはいるが引継ぎは未実施

(3) 個人資産家へのセールストーク

「佐藤様も退職されてしばらく経ち、落ち着かれたのではないですか？」

「そうですね。直後は大変でしたけど落ち着いてきました」

「今後は、ご長女を後継者とする方針で進められるんですよね」

「長女にはこれからいろいろ教えていかないといけないんですよ」

「震災のように何が起きてもおかしくない世の中ですから、備えておくことに越したことはないですね。特に佐藤様のような資産の多い方にとっては非常に重要ですね。ところで、奥様は不動産事業についてはノータッチでしたね」

「ええ。妻はほとんど知らないんですよ」

「ご長女はもちろん、次女や三女の方も同じですよね」

「そうです。まだ事業については何も知らないですね」

「お母様も少しずつご意思の確認も難しくなってきていますので、佐藤様に何かあったら、それこそ大変なことになりますね」

「長女への引継ぎを早くしておかないといけないんですよ」

「事業の引継ぎは、佐藤様も退職されてお時間が取れるようになったので、どんどん進めていかないといけないですね。佐藤家としては、お母様のご遺言は作成済ですし、事業の引継ぎも鋭意進められるということで、良い形になってきています。ただ、万全の備えという意味では、佐藤家全体ではひとつ対応できていない部分があります」

「それは何のことですか？」

「今の佐藤家は佐藤様に万一のことがあった場合、事業や資産の内容を知らない奥様とお嬢様３人が大変な状況に置かれます。事業はこれから引き継いでいかれるので、鋭意進めていただくしか対応がないと思います」

「一方、万一に備えるという意味では、お母様は相続へは対応済なので問題ありません。ただ、佐藤様ご自身にもしものことがあった場合の備えができていません。まだまだお若いですし、お元気なのは分かりますが、60歳を超えて何が起こるかは誰にも分かりません。万一のことがあった場合は、お母様の対応がムダになってしまいます」

「佐藤家の将来のために何年もかけてやってきたことが、備えが万全でなかったためにムダになってしまう可能性がまだ残っています。そもそも、佐藤家のために対策を練ってきたのです。佐藤家の備えを万全にするため、残された奥様やお嬢様たちの安心のために、すべてに対処しておくべきだと私は考えます。そういった意味ではまだ対策は完成していないのです。佐藤様もそう思われませんか」

「私もそう思います」

「では、備えを万全にしましょう。幸い佐藤様の資産分割案はでき上がっているので、あとは粛々と遺言作成の手続きを進めていくだけです。早ければ1～2ヵ月後には完成し、執行予諾の契約もできるでしょう」

「分かりました。お願いします」

「ありがとうございます。ではグループの信託銀行の担当者から直接説明させていただきますので、後日面談のご連絡をいたします」

メリット・デメリットを認識してもらう

私がこの交渉で考えたのは、次のようなことです。
・「佐藤家の対策」は未完成だと認識してもらう
・対策を万全にすることが再重要だと認識してもらう
やらないデメリットは次のようなことです。
・奥様や子供が不動産事業を理解しておらず、万一の場合には家族に災難がふりかかる
・万全にしなければ、今まで何年もかけてやってきたことがムダになる
一方、やるメリットは次のようなことです。
・了承さえもらえれば数ヵ月後に万全な状態になる
・信託銀行が動くので本人に負担はかからない
・佐藤家のよき未来に貢献する
今までやってきたことは佐藤家のためであり、まだ途上にあります。本来の目的を達成するためには、対策をすべて行うことで万全にすること。それこそが当初からの目的なのだから、佐藤家のためにやるべきだと認識していただき、了承をもらうことができました。

このときに、お客様の人となり、現在の状況をつかんだうえで、メリット、デメリットを理

解してもらい、論点を整理し、セールスを組み立てることの重要性を再認識しました。多額の契約につながるセールスでは、シナリオを描いて臨むように注意してください。

第3章

行動の基本を身につける

第3章　行動の基本を身につける

1．基本的な考え方

⑴　報連相（ホウ・レン・ソウ）

ここまで、第1章では渉外担当者の心構え、第2章では営業の基本について説明してきました。この章では、実際にどのように行動すべきなのかについて話を進めていきます。

銀行員はお客様とだけ接するわけではありません。後輩、同僚、部下、直属の上司、他課の行員・上司、副支店長、支店長、グループ会社の社員等々、さまざまな人と接します。このような人々との関係を全方位的に円滑にできて、初めて一人前といえるのです。

ですから、これらの人にいかに早く関係する仕事を伝えておくかが重要なのです。いわゆる「報告（ホウ）・連絡（レン）・相談（ソウ）」です。

経験の浅いうちは、何をしたらいいのか自分では分からないと思いますが、そのときは全部相談することです。例えば、初めてお客様を担当することになり、外回りを始めたとします。初日に会ったお客様との話の内容で疑問に思うこと、分からないこと、悩むこと、お客様から依頼されたこと、すべてを上司や先輩に相談してみるのです。そして、このケースではこうすればよい、という経験を積み重ねていくのです。そのうち、自分で対処できるもの、報告すべきものなどが理解できてきます。

最初からあまり報告をせず、自分で勝手に判断してしまうという、逆はあまりよくありません。そうすると経験値があまり積み上がりません。間違った対応をそのまま身につけてしまうかもしれません。経験の浅いうちは何を相談しても構いません。全然しないよりは、何でもするほうがいいのです。その代わり指示されたことをしっかり実行し、1回で身につけることを第1目標にしてください。

関係する他の担当者に声掛けする

そして、1回教えてもらったことはメモを取ったり、資料の写しを綴っておくなりして、次は自分一人でもできるようにするのです。そのときに、なぜそうするのかという理由や背景をしっかり理解するようにしてください。例えば、融資実行の際は、なぜ一番最初に信用照会をするのか、といったようなことです。

そもそも融資対象としてふさわしいのかどうかは、案件ごとの融資検討以前の問題です。検討後や実行後にやっても意味がありません。一つひとつの意味を理解していれば、モレもミスも少なくなります。そこで「何のために」をしっかりと頭に入れ、お客様にその必要性を答えられるようになってください。そういった対応ができれば、お客様の信頼を得ることができます。

また、関係部署の担当者に声がけすることも忘れないでください。例えば、融資係のオペレーション担当者とか、投資信託の事務担当者などです。早めに声がけをしておけば、お互い時間の余裕がありますので、手続きを教えてくれたり事前にチェックしてくれたり、より手堅くスムーズな処理が可能になります。自分では気づかなかった手続きの不備を、事前に指摘してもらえることもあります。

最悪なのは当日の時間のないなかで、追い込まれたように処理しないといけないようなケースです。こういった進め方は事故を発生させる原因になりかねません。関係する担当者に、早めに周知徹底する。これも「報連相」の重要な要素です。

(2) 自分個人のお客様ではないと心得る

あなたがお客様を担当することになりました。それはあなた個人のお客様ですか？　違いますね。あくまで、銀行という組織に属しているから担当しただけで、そのお客様は「銀行のお客様」です。組織全体のお客様なのです。

ですから、あなたが行う折衝や方針は組織のものでなければいけません。何かトラブルやクレームがあった場合は、まず上席に報告してから協議し、組織として承認された対応をとらなければいけません。

ささいなことで自身が解決できたとしても、ことの経緯は組織に報告しなければなりません。そこで落ち度があったら、それはあなた個人の落ち度ではなく、「組織の落ち度」になります。その事実が上席に伝わらないまま度重なると、ある日突然、取引を解消したいとか、担当を代えて欲しいなどの申し出があったり、さまざまな不都合が発生します。そうなっては時すでに遅しです。

お客様に起こったことは組織で共有する

傷の浅いうちに上席者からひと言連絡しておき、以後厳重に注意するなどの対応ができていれば防げるはずです。個人のお客様ではなく、組織のお客様だということを肝に銘じ、いいことも悪いことも、特に悪いことほど隠さず報告するようにしてください。落ち度があっても、次から二度と起こさないようにすればいいのです。そうすればあなたへの行内外の信頼は確実に高まります。

正直に話す、嘘をつかない、信頼できる、そういった評価になるでしょう。いつでも、どんな立場になったとしても、いいことも悪いことも、正直にまず報告できる、というのはとても重要なことです。正直に話すことで、上席も組織としての対応が可能になります。ぜひ正直に、うそをつかずに「報連相」を習慣にすることを、当たり前に身につけてください。そうすると、変なストレスがかかりません。堂々と隠しごとをすることなく、心軽やかにやるべきことに前向きに取り組めます。

お客様に起こったことは組織ですべて共有するということを十分に認識してください。このことは、堂々と仕事に取り組むあなた自身のためになるのです。

(3) 約束を守る

言うまでもありませんが、約束には責任を持ってください。特にお客様との約束は絶対です。毎日の業務の中で、お客様といったん約束したことを守れないようでは、お客様と信頼関係など築けるはずがありません。

そのためには、安易に約束しないことです。もちろん物事次第だと思いますが、自身で判断できないことはいったん持ち帰り、店内で協議してから回答することです。判断に悩むものには安易に回答しなければいいのです。

自身で判断つかないことや、判断に悩むことは、組織としての対応を決めてから答えればいいのです。それは自分の言葉に責任を持つことにつながります。その場を取り繕うために、できるかどうか分かないことを安易に回答してはいけません。理解してもらえないお客様には、しっかり説明してください。

どうしても納得してもらえないお客様は、逆にお付き合いに値しないお客様かもしれません。その後もできない対応を求めてくる面倒なお客様かもしれません。取引を解消してもいいお客様かもしれません。

あまりに自己の都合ばかりを無理強いするようなら、対応策の協議も必要になってきます。お客様にとっても、銀行にとっても、双方が満足できる「Ｗｉｎ－Ｗｉｎ」の関係を推進しなければなりません。いったん、面倒なお客様と取引したことでクレームやトラブルが発生すると、関係する部署で多大な労力が費やされることになります。

お客様を選別するという視点を持つ

組織にとってメリットのあるお客様なのか、そうでないお客様なのか、それを見極めて見合う手間をかけるのが組織として最良の形です。最前線で営業を推進する渉外担当者には、それを見極める力量が求められます。どんなお客様にも、一律に手間をかけていいわけではありません。積極的に取引すべきお客様か、手間をかけるべきでないお客様か、取引を解消すべきお客様かなど、お客様を選別するという視点を持ってください。

銀行の事情に理解がなく、自分の要求ばかりを通そうとするお客様は、取引の後も手間がかかり利益はあまり得られないことが多いです。こちらの事情をしっかりと伝え、理解してもらえるお客様と取引を推進しましょう。判断に迷う場合は安易にその場で答えず、組織として責任のもてる約束をしたうえで実行してください。

この姿勢はお客様に対しても、銀行の他の行員に対しても変わりません。お客様との約束は守るけど、銀行内の約束は守れないというのも妙な話です。要するにだれに対しても、自分の言動に責任を持つ人間になればいいのです。相手によって対応を変えない、約束を守る人になっていただきたいのです。

(4) 時間厳守・期日管理

約束を守るということにも関わるのですが、時間を守る、期日を守るということは仕事の手順を正確に把握することにつながります。任された仕事を、決めた期日に仕上げるにはどうすればいいでしょうか。

任された仕事には、いろいろな種類のものがあります。まずはひと手間程度で終わるもの。例えばアポイントの電話をかける。支店や本部の関係者に進捗を連絡する。手続きを照会する。一度動けばそれで終わってしまうものです。その反対は、ひと手間では終わらない、1日では終わらない手順を踏んでいく仕事です。例えば稟議書の作成などです。

こういう仕事は数日にわたることもあり、作成の過程でお客様に聞いたり、資料をもらったり、それをもとに調査、分析、検討といった手順を踏んで最終書面に落とし込まなければなりません。

さらに、担保評価や格付け、制定書類の作成、信用情報の照会など、さまざまな過程を踏まなければなりません。手続きを調べる時間も必要でしょう。そのうえで支店の関係者の決裁をとって、本部の検討の時間も十分に確保し、余裕を持ってお客様への最終回答をすることになります。

お客様に依頼することは真っ先に手をつける

お客様の資金が必要な期日から逆算して周到に準備しなければいけません。どういった過程があり、どのくらいの時間が必要なのか、支店の関係者、本部の関係者、お客様、それぞれの都合も勘案し、余裕をもって間に合わせないといけないのです。これこそ、いつできるのか安易に答えられない最たるものです。

稟議慣れしていて、作成に要する時間が分かっているならいいですが、そうでなければ、手順とそれに要する時間を調べなければなりません。お客様に依頼して取り受ける書類があるのなら、真っ先に用意してもらいますが、準備する時間も考慮しなくてはなりません。このように、お客様がからむものは真っ先に手をつけておくことが必要です。ぎりぎりになって連絡し、お客様に過度に負担をかけるようなことは厳禁です。

その次は担保評価等、一定の時間がかかるものも関係部署に依頼しておきます。信用情報照会等も同じです。そして、待っている間に自分ができることを淡々と進めるのです。そうすれば時間が効率的に使えます。

こういう仕事を期日に間に合わせるには、最初に全体を俯瞰《ふかん》することが必要です。そのうえで自身の仕事にかかる体力をも勘案して、「いつまでに仕上げる」という判断を下すことになります。

安易に「3日後です」などと答える人は、責任感が少し希薄かもしれません。全体が見えなければ、まず必死で手順を紐解き、そのうえで関係者と自分の予定を考慮して、いつまでに仕上げると答えるべきです。

何となく3日後という答えは、検討を先延ばしにしているだけのことが多いです。こういう仕事の場合は、どのような手順があり、どの程度の時間が必要で、どのように関係者に依頼して、最終的にいつ仕上げるというスケジュールを立てなければなりません。

(5) 考える時間を取る

銀行員に必要なことは、短期的には自身に与えられた目標を達成することです。中長期的には、人を使って組織の目標を効率よく達成することです。一担当者としては、まず期に与えられた目標を達成することが求められます。その過程で月の目標があり、場合によっては週次、日次の目標に落とし込まれます。しかし、最終的には期の目標達成が最優先になります。

期の目標にはさまざまな項目があります。業績の目標としては、まずは数ものです。これは、項目自体の難易度が低い分、数多く獲得することが求められるものです。例えば、積立口座の新規件数、カードの獲得件数、カードローンの件数等、多くのお客様から契約いただく必要のあるものです。

これらは項目自体の難易度は低いので、一定期間に集中して動けば達成は可能です。期のどのタイミングで集中して取り組むかを決めておけば、それ以外の期間はあまり考える必要がありません。

それとは逆の目標が、融資の金額などの項目です。個々の案件の難易度が高く、集中的に動いてもすぐに決着しないようなものです。融資については案件がなければ、できるように動かなければなりません。相手にも需要があって、タイミングがあって、メリットがあって初めて成り立つものだからです。

着地点を見据えて計画を練り直しながら進める

権限者の決裁が必要という銀行内部の制約もあります。競合すれば条件で負けるといった問題もあります。さまざまな問題を長い時間をかけてクリアして、初めて実行できるものです。もちろんこういった項目は、1件で目標を達成するということはほとんどありません。活動のベースとして常に案件を作り出していく必要があるのです。期の最初から常に頭に入れて、目標実行額を作り込んでいかなければなりません。期初から相応のペースで案件を作り実行し、期末月を前に目標達成にメドをつけることが必要です。

目標項目は前記のように、それぞれ特徴があります。投資信託の契約額等も活動のベースとして、毎月目標のラップをクリアしていくことが望まれます。金額の大きい仕込み案件は、周到にセールスを進捗させるのと同時に、少額の積み上げていく契約も毎月こなしていく必要があります。こうした業績項目以外にも、主管項目の推進や、後輩指導、部下指導、事務面の効率化推進等々、期に求められる項目は数多くあります。

各項目を達成するためには、項目によって時期、手法、セールス対象先の選定、自己啓発、セールストークの研鑽など取り組むことも多々あります。また、実行、結果への反省、改善、再実行を常に怠らないようにしなければなりません。

常に着地点を見据えて、計画を練り直さなければいけません。期の目標達成のために、現状でいいのか、どこを改善する必要があるのか、どこに、どのようにセールスするのか。それらを考えなければならないのです。

実績の振るわない渉外担当者というのは、自分で期の目標を見据えて、どうやったら達成できるのかを考える自発性が弱いと思われます。とにかく、毎日何とかやりすごせればいいとか、他人の意向ばかりを気にしているように思えます。期の自分の目標を達成するために、とにかく考えて、手段を実行して、修正して、再実行する。この動きを自発的に行う人間になってください。

目標を本気で自分のこととしてとらえ、こだわって取り組む。そのためには考える時間も必要です。1週間、常に行動で埋め尽くされていると、着地点を見失ってただやみくもに動いているだけになりかねません。最終目標に着実に近づいているのかどうか、しっかり見定めて進んでください。

また、現状を分析し、期の目標達成のために必要なことをしっかり考えて、計画に落とす時間をとることも意識してください。考え、動き、結果を反省し、修正して、再度実行する。その一連の動きを繰り返し、常に向上し、成果を着実に積み上げられるようになって欲しいのです。

2. セールスリストを作る

より可能性の高いお客様をリストアップ

皆さんセールスリストを作っていますか。これは目標項目ごとに、どのお客様にセールスするかというリストです。内容はシンプルで、お客様名、金額、確度（A／B／C／D）を書くだけの一覧表です。リストは目標項目の数だけ作ります。

達成の進捗が悪いと、どのお客様まであたり結果はどうだったのか、といったトレースにも使われます。このリストは担当者によってかなり質に違いがあります。上司に言われるから仕方なく作るリストは、お客様の名前が羅列されているだけです。どの項目も変わり映えのしない名前が並びます。

しかし、リストに意味を見いだしている担当者のそれは違います。項目によってあがる名前が違いますし、名前から実績化する確率が非常に高いのです。これは、成約になる可能性の高いお客様を並べているため、着実に実績化できるのです。セールスの動きがリストとマッチしているのです。

どうしてそうなるのかというと、お客様の実態をよく知っていることと、リストを真剣に作っているからです。このお客様ならこの商品・サービスが合いそうだ、あのお客様の家族にもセールスしてみよう。このように、お客様の実態や考え方が頭に入っているからこそ、より可能性の高いお客様をリストアップすることができるのです。

ニーズに合った商品・サービスを勧めるので成約の確率が高いのです。そうすると最小限の体力で、実績化が進むことになります。お客様の実態がつかめていないと、とにかく「多くあたる」という数重視の確率の低いセールス活動になります。セールスリストはただ作っただけで、結局はリストに関係なく思いつく先にあたっているのです。これでは、時間がいくらあっても足りません。

常日頃から、お客様の実態が把握できていれば、制約の可能性の高い先はすぐに浮かびます。リストにあげた先が、今月あたる先とイコールになるように真剣に作れば、リスト通りにセールスしていけばいいのです。

ですから、リストアップ先は少なくても着実に成約できるのです。

目標達成を目指し行くべき先に行く

セールスリスト作成の目的は、目標を達成するためです。したがって、最終的にこれでいけるという手ごたえのあるものでなければいけません。

目標に届かないと思うリストなら、もう一工夫しなければなりません。大胆に対象を広げてみるとか、このお客様には大きな金額でセールスしてみようとか、他行の分を当行にしてもらおうとか、新しい発想が必要になってきます。

そういう考えになれば修正すべき部分も出てきます。商品知識や関連知識もそうだし、より難易度の高いお客様や、より難易度の高いセールス展開であるとかです。そして、実行、修正を繰り返し、高いスキルを身につけていくのです。この努力が、より規模の大きい法人とか、より資産の大きい個人に向き合うことにつながるのです。

目標に関係なく、話もしやすいし、多少は成約してくれるといった理由だけで、行きやすい先ばかりに通っていては成果は期待できません。目標達成のために必要な〝行くべき先〟でないといけないのです。そういった先に行こうとするから、さらに高いスキルが必要になり、努力を続けることになるのです。

目的を達成するために、「行くべき先に行く」ことに留意してください。

３．次週の計画を前週に終わらせる

次週のアポイントをセールスリストから入れる

また、週次計画表というものもあります。これは、来週の何曜日にどんなアポがあるか、どんな先を訪問するのか、いつどんな作業を行うのかをあらかじめ作成し、自身や上席が俯瞰するためのものです。週次の動きの基本は、毎月の目標を４週で割り、毎週そのラップを刻んでいくのが望ましい形です。

そういった目標の進捗に加え、必要な作業、稟議や報告、消化すべき業務の期日などを計画します。これは週単位でやるべきことを確認し、遅れている項目はピッチを早め、業績および作業等の適切な進捗を図るためのものです。

私は次週の計画は、月間目標の進捗の確認も含めて、前週の金曜日に終わらせるようにしていました。そうすると、週末は仕事のことを忘れてリフレッシュできますし、次週は計画通りに動くだけで、迷いがないのでムダがなくなります。そのため、精度の高い計画表を作るようにしていました。

コツは、次の週のアポイントを当月のセールスリストに基づき、どんどん入れていくことです。アポイントがあると対象が明確になり、狙いもはっきりします。内容によって時間も読めますし、準備作業も明らかになります。何よりアポイントがあることで、移動時間も含めムダがありません。アポイントがたくさん入っていれば、あとは余っている時間に何をするかを決めるだけです。

電話セールスを行うのか、その他の業務を行うのか、できることは絞られてきます。週次計画を渉外活動の基礎となるものにすれば、とても動きやすくなりますので、精度の高いものを作るようにしてください。

4．当日の訪問計画を前日に作る

当日は計画通り朝から動ける状態を作る

毎日の訪問計画を当日の朝に作っているようではいけません。初動が遅れていいことは何もありません。場当たりな訪問計画は有効訪問につながりません。翌日の訪問計画は前日に作成し、訪問するお客様の情報を頭に入れておかなければなりません。持参する資料の準備も含め終わらせておくべきです。

当日はインプットされた情報から想定されるニーズやヒアリングすべきことなどが整理された状態で、朝一番から外訪を開始する状態にしておきます。朝の初動が遅れると、開店し電話がかかってくる、予期せぬ来客がある、さまざまな人に呼び掛けられるなど、なかなか外訪ができなくなってしまいます。そうこうしているうちに、あっという間に正午になってしまうこともままあります。

時間をかけて決めた計画があれば、それを優先できます。初動が遅れれば遅れるほど、予定していなかったことに時間をとられます。理想的なのはアポイントがある状態です。何がおきてもそれを優先できるからです。アポイントがあれば準備ができますし、狙いもはっきりします。

当日は計画通りに朝から動ける状態が理想です。そのためには、帰店後のルーティン業務（日誌作成・需要物件の整理、格納等）を早く終わらせることです。決まったことを早く終わらせて手を空け、残った時間を、翌日の計画や準備などに割り振るようにします。翌日に訪問する先が決まっていれば、退行後も頭の中で考えることはできます。毎日、すっきりとした状態で翌日を迎えられるようにしてください。

5. 1日のスタートを早くする

予定外のことにムダな時間を使わない

私は営業に特化していたときは、外訪活動は9時30分にスタートしていました。もちろん9時にスタートすることもあります。そして午後の目安は13時半にしていました。ですから移動時間を含めると、お客様とのアポイントは朝は10時、午後は14時に真っ先に入れるようにしていました。

その理由は、朝から営業モードに気持ちが入るからです。早い時間に約束を入れておけばだらだらしません。気持ちが引き締まった状態ですから、てきぱきと動けるのです。

予定外のことが起きても、約束を優先させますから計画が狂いません。昼に帰店後も同じです。非常に気持ちの引き締まった状態で業務を進めることができます。これは予定外のことに時間を使わないように、自分に課したルールでした。

皆さんも、朝や午後1番の訪問を強制的に自分に課すようにして、ムダのない活動を心がけてください。

6．アポイントを上手にとる

時間を割くに値すると思われるようになる

アポイントは、現在のように限られた時間で成果を求められる営業環境では重要です。アポイントが取れることには２つの意味があります。

一つは信頼の証であること。一度会って信頼を損なってしまったら、お客様は会ってくれなくなります。嫌いだ、二度と会いたくない、時間を割くに値しない、そもそも用がない…。いろいろな理由がありますが、感じが悪いとか、売り込みしかしないとか、自分のことばかり考えてそればかり要求する渉外担当者は、アポイントが取れなくなっていきます。

営業のプロセスを踏み、相手の立場を考えたうえで、ニーズや課題に対応するという姿勢が徹底されていればそうはなりません。もちろん、実力をつけるために勉強も欠かせません。ただ、そういったことに取り組んでいれば、お客様の信頼は得られると思います。

私は現役時代、要件を伝えなくても「いついつ会いたいのです」と言えば了承してくれるお客様を数多く抱えていました。アポイントを取る際は、なるべく用件は言わないようにしていたこともあります。アポイントを取るときはまだシナリオが構築できていないので、要件を聞かれて不都合な展開になることを避けたかったからです。どうしても聞かれた場合は、「先日お話を伺ったときの件でお会いしたいのです。詳しいことはそのときにお話しします」と伝えていました。

アポイントが取れるということは「受け入れていただいている」ということです。「時間を割くに値する」と思われているということです。

逆に、アポイントがなかなか取れないという人は何かが足りないのです。営業のステップをよく理解し、足りない部分を補う努力をして欲しいと思います。お客様の貴重な時間を奪うのではなく、お客様のためになる、よりよい時間を与えられる担当者を目指してください。

ニーズに応えられる商品・サービスを案内する

二つめは成約に極めて近いということです。アポイントを取るということは、何らかの狙いがあるということです。セールス商品が明確なこともあるし、想定したニーズや課題を確認するためのこともあるでしょう。一定の情報から想定し、近づきたいお客様ということです。そのお客様が時間も確保してくれるというのは、極めて成約に近い状態です。実態把握や把握した情報を更改することにより、さらにセールスの切り口が発掘できることもありますし、狙っている商品やサービスがそのままニーズに合う可能性も非常に高いです。私が毎週目指していたのは、まず月曜から木曜までの午前、午後一番にアポイントが入っている状態です。毎週そうできれば、いくら成約できそうだということが読めますし、実際思った通りになっていました。

実績の上がらない人は、いつもアポなし訪問をして、やってみないと分からない日々になりがちです。刹那的に成約になりそうなお客様を探しているような活動です。そういう活動はほとんど実績につながりません。自分の売りたい商品のニーズがありそうなお客様をその場で探しているだけですから、広がりがありません。

お客様の実態を把握し、ニーズに応えられる商品・サービスを案内し、さまざまな場面で役立つ。そういう考えがないと、お客様は限られていく一方です。

7. きっちり計画を立てる

渉外活動の基礎になる計画は入念に作る

繰り返しになりますが、計画を立てることは非常に大切です。このステップで書いてきた

「セールスリスト」「週次計画」「当日の訪問計画」等、熟慮した計画、実際の活動がそのとおりになる、精度の高い計画が前もってないと、営業活動が場当たりなものになり、最終目的がぼやけてしまます。半期の目標があって、それを達成するために毎月の目標を定めるので、毎月の目標達成が当面の目標になります。その活動の基礎になるのがセールスリストです。

どのお客様に、何を勧めるのか。目標を達成できるセールスリストを作らなければなりません。真剣に作れば、その項目の進捗具合により、明日やるべきことが分かります。セールスリストがその月の動きの指針になる。そういったものであれば動きがはっきりします。

私は先に書いたように金曜日の午後は極力、目標の進捗確認や次週の計画、次週のアポイント確保等の時間に割いていました。外訪はせず、その月の目標を達成するための計画策定に割いていました。じっくり見たいお客様の資料等もこの時間を使っていました。そして次週の月曜日の朝から、フル稼働できるようにしていたのです。こうすることにより、週末を有意義に過ごせるようになりました。

ただやみくもに動くだけではなく、渉外活動の基礎になる計画は入念に作るようにしてください。ただし、時間をかければよいというものではありません。計画だけで動きが伴わなければ目標は達成できません。営業のステップを理解するとともに、周到な計画を作る習慣を身につけてください。

8．良いお客様を選ぶ

お客様の属性により最適な体力配分を意識する

あなたはお客様を選んでいますか。銀行員は所属している銀行に大きなメリットをもたらすお客様に優先的に体力を割かなければなりません。自身が動くということは、すべてコストなのです。コストに見合う収益をもたらさないお客様や、わずかな収益しか期待できないお客様に大きく体力を割いているようではいけません。

常にコスト意識をもって、お客様を把握しておかなければなりません。同じ体力を割くなら、より収益に貢献している、または大きく貢献する可能性があるお客様を選別しなければなりません。来店してもらう、電話で済ませる、外訪型から来店型に変える、取引自体を見直すなど、お客様の属性によって最適な体力配分を常に意識しましょう。

体力を割くのに最も望ましいのは、資産や収入が大きいお客様です。もちろん公序良俗に反しないことが大前提ですが、法令順守の意識が希薄なお客様、分からなければ脱税してもいいと安易に考えていたり、本業以外に熱心だったり、人物的に問題があるようなお客様については、後々やっかいなことに巻き込まれムダに体力を要することもあるので、注意が必要です。良識があり、公正で、誠実な人物かどうかもよく見てください。簡単に取引してくれるような先ほど要注意です。

銀行取引はそんなに簡単に取れるものではありません。新しい銀行とすぐに取引を開始するお客様には、そうせざるを得ない理由があります。通常は役に立つことができた、他行にない役割を果たせた、そういった信用が実って取引開始に至るものです。特に理由もないのに取引を開始してくれるのは、何らかの理由があるかもしれないのです。

そのためには、実態把握が欠かせません。いったん不芳属性先と取引を開始するとやっかいなことになりかねません。自身がお客様を選ぶ、良いお客様に時間を使うことに留意してください。そのためには、自身の力をつけ、お客様を見極める、実態をつかむ力を身につけなければなりません。良いお客様を選び、良いお客様から選ばれる。そういう担当者になることなのです。

第4章

ネットワークの活用とトークの進め方

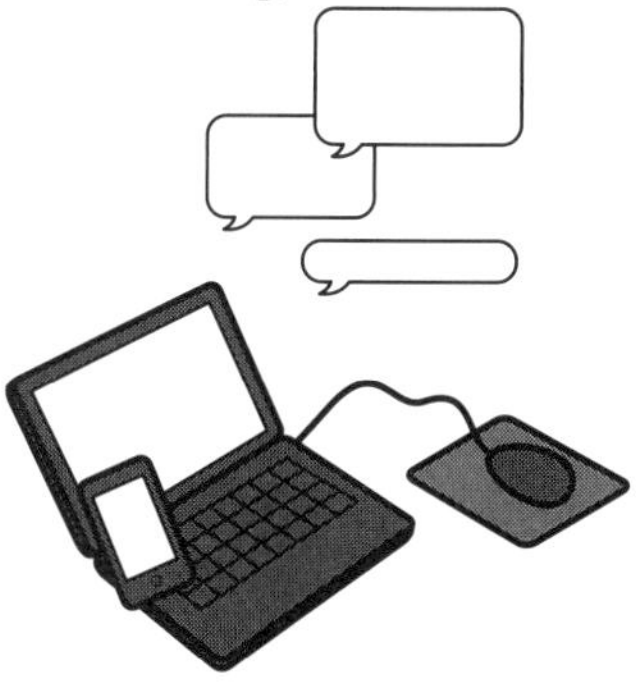

第４章　ネットワークの活用とトークの進め方

1．お客様のネットワーク活用の視点

一度の面談でいかに多様な情報を引き出せるか

自分自身をやる気のある状態にして、営業のステップを理解・実践し、正しく行動を管理できれば、望む結果を得られるようになると思います。

第４章では、より効率的に取り組むことを考えていきます。効率的というのは同じ結果をより少ない時間で得ることです。私が銀行に入った時代とは違い、現在は最短の時間・最少の人員で最大の結果を出すことが求められています。じっくりと指導・教育できるだけの人員は現場にいないにもかかわらず、若い行員には早急な独り立ちが求められています。そのような状況下で必要なのは、一度の面談で「いかに多様な情報を引き出せるか」ということです。

営業の基本のところで書きましたが、まず銀行員がお客様と会ってやるべきことは、「実態把握」と「把握した情報の更改」です。お客様自身の実態を把握して、ニーズを探り、時間の経過によって変わるニーズも捉えていきます。これが実際に面談しているお客様自身のニーズ

になります。この点はそれでいいのですが、この面談をさらに有益にすることはないかを考えて欲しいのです。

銀行の商品やサービスのニーズはないか

例えば、もっと情報を集められないでしょうか。面談しているお客様の配偶者に、銀行の商品やサービスのニーズはないでしょうか。お子様たちに同様のニーズはないでしょうか。ご兄弟についてはどうでしょう。目の前のお客様は地域でどういう存在なのでしょう。地域の顔役ではないでしょうか。何らかのグループに所属していないでしょうか。法人のオーナーなら、法人取引はできないでしょうか。地主さんであればどうでしょうか。

このように、家族や属性によって、何らかの応えられるニーズがないかという視点で見るのです。お客様個人に加え、お客様の持つさまざまなネットワークに、銀行の商品やサービスのニーズがないかと考えてみるのです。そこまで視点を広げることができれば、１回の面談でいくつもの情報が得られます。一石二鳥どころか、さらにメリットのある面談にすることができます。

時間には限りがあります。取引のあるお客様の関係者なら、新規の取引先を開拓することに比べ、格段に取引が成立しやすいです。広い視野をもって1回の面談を最大限有効にできれば、その効果は絶大です。会うお客様、会うお客様から、今までの何倍もの情報が得られるのですから。したがって、常にこのような視点でお客様と接して欲しいと思います。

時間をムダにせず面談に集中する

そのために重要なことは、時間を使って面談している「このとき」を絶対にムダにしないことです。

どういうことかというと、今この目の前で面談している人だけに集中するのです。上の空で目の前の人に接しないで欲しいのです。時間を割いてすでに面談している人に会いながら、他のことはできません。いったん、自分の貴重な時間を投資して、会うと決めたのなら、その人との時間をいかに有効にできるかに集中するのです。

その人の実態をつかむ、ニーズを探る、どんなネットワークを持っているのか。そして、銀行の商品やサービスにつなげられないか、もしくは自分の成長につなげられないかという視点で臨むのです。そういったことに全力を尽くして欲しいのです。

銀行の仕事は自分に都合のいいことばかりが起こるわけではありません。例えば、融資の返済が苦しくて相談に来店するお客様もいるでしょう。借主や連帯保証人が亡くなるなど、実績につながらない面倒な手続きが求められる仕事もあるのです。

面倒だと思うのは、あなたが習得できていない業務のことが多いのです。この機会にきっちりと習得しておこう、と前向きに考えることができれば、面倒な手続きが経験につながる格好の機会に変わります。

新しいことに関心を持ち成長させていく

投下すると決めた時間なら、何かを学ぶための時間にできたほうが、自分のためになります。銀行の仕事は広範囲にわたるので、知らないよりは知っているほうが有利です。しかも後々自分のためになります。今後さらに行員が減り、自分で行うことが増えていくはずです。自分の成長につながる機会を活かし、何でも興味を持って取り組んで自分のものにする努力を続けましょう。

皆さんの努力は将来、多くの人を束ねる能力につながっているのです。支店長なら、渉外だけでなく、預金、為替、融資、組織運営、リスク管理など、その業務範囲は広範囲に及びます。課長の立場であっても、他課の業務について知っておく必要があります。そう考えていくと、銀行業務全般に関心を持ち、関係する業務の知識を習得したほうが得です。いずれ自身にメリットとして返ってきます。

自身の業務のことしか関心がない人と、他課の業務も理解しながら総合的に判断を下せる人の、どちらが銀行員として求められるかを考えれば明白です。勉強は銀行にいる限り永遠に続くものです。新しいことに関心を持ち、常に自分を成長させていくという姿勢を忘れないでください。

面談が成功すれば良い方向に発展する

このような目の前の人に対する姿勢は、面談しているお客様に伝わります。誠実に対応してくれているのか、それともぞんざいな扱いなのか。相手であるお客様には確実に分かります。今、このお客様にきちんと向き合えば、その人のあなたに対する印象は良好なものになります。そうすれば、思いがけず、取引が大きく発展することもあり得ます。逆に姿勢が悪ければ、不要なクレームやトラブルにつながることもあるうえ、その面談が次の取引に活きることはありません。

あのとき、あなたに受け持ってもらって本当に良かった、と言ってもらえるような面談を数多くこなしておけば、その後も良い方向に発展することが多くなるのです。ですから、会う人に集中して、その時間を活かすことに全力を注いでください。

この考え方で、銀行内外すべての人に相対できれば、多くの人と良好な人間関係ができ、そこからさらに派生する良い流れも起きてくるはずです。目の前にいる人に集中して向き合うという習慣を、ぜひ身につけてください。

業者はどういう顧客層を持っているか

これはお客様だけに限ったことではありません。銀行の取引業者や士業の先生にもあてはまります。銀行にはさまざまな業者が、顧客を紹介して欲しいとやってきます。保険会社、ハウスメーカー、不動産業者、マンション管理業者、司法書士、税理士、弁護士など。地域の富裕層といわれる個人や法人と取引したい業者が世の中にはたくさんいます。

どの業者と付き合うかは、銀行組織として判断するわけですが、銀行にもメリットがなければ取引は成立しません。こういう関係は双方にメリットがあって初めて成立するため、相手がどういうネットワークを持っているのかが判断軸になってきます。銀行も欲しいお客様とのネットワークを持っている業者なのかどうか、もしそうなら、互いにお客様を紹介し合うという良好な関係が継続できます。

良好な関係ができるのかどうかには、業者がどういう顧客層を持っているのかをつかむ必要があります。そのため、銀行が欲しいネットワークを持っているのかどうか、きっちりヒアリングしなければなりません。

業者と面談するときもお客様の場合と同じです。時間を投資するなら、きっちりと向き合って、相手がどういう状態にあるのか、どういう顧客層をもっていて、どういった顧客開拓をしているのか、銀行が接点を持ちたい顧客をどのくらいもっているのか、銀行側に何を求めているのか。それらを踏まえたうえで、双方にとって良い取引になるのかどうかを見極めるようにしてください。

さて、ここでもう少し具体的に、会う人が持つネットワークを活かすことについて見ていきましょう。

2. 個人顧客のネットワーク

純粋な個人のお客様が持つネットワークには、どういうものがあるでしょうか。以下に列挙してみます。

①配偶者
②子供
③親・兄弟等親族
④勤務先
⑤地域での役割（自治会・法人会・商店会等）

⑥その他の所属する組織（県人会・サークル等）

これらの人と良好な関係を構築できれば、列挙したようなネットワークとの取引ができる可能性が出てきます。信頼を得たうえで紹介していただくわけです。まったく新規で開拓することを考えれば、これほど効率のいい推進方法はありません。

このネットワークを活用するという視点があれば、目の前の人との時間を大切にしようと思うはずです。単発の個人取引で終わるのか、信頼が信頼を生み良い方向へ取引が派生するのか、考え方で変わってくるのが分かるはずです。とめどなく続くプラスの連鎖をたくさんのお客様から作って欲しいと思います。

メイン取引、関係構築済の地権者のお客様とのトーク例

「ところで佐藤様、いまさらながらですが、奥様はどちらの出身なのですか？」

「女房？　女房は東京の練馬区だよ」

「練馬区ですか。近いですね。ご結婚はどのようなきっかけからだったんですか？」

「実は女房の実家も練馬の地主でね。私の親同士が知り合いだったこともあって、見合をさせられたんですよ」

「そうだったんですか。まったく知りませんでした」

「女房は3人姉妹の一番下なんだ。実家は長女が婿養子を取って継いでいるよ」

「女性3人だと後継者を誰にするか、ご苦労されたんでしょうか」

「いや、やっぱり一番上が継ぐことは決まっていたね。最初から婿養子を取るつもりだったみたいなんだ」

「じゃあ奥様のご実家も、不動産は佐藤様と同じくらい所有されているのですか？」

「いや、うちよりも多いね」

「佐藤様より資産規模が大きいとはすごいですね」

「いやいや、うちなんかたいしたことないですよ。だから、女房の実家で相続があったときは、大部分は長女が引き継いだんだけどね。いくつかは女房も相続していて、あいつも結構資産を持っているんだ」

「では、2次相続の対策が重要になってきますね。具体的にはどこに、どのような不動産をお持ちなんですか？」

「実家に近い物件は長女が引き継いだけれど、それ以外は次女と女房で分け合ったんだ。文京区のマンション1室とこの近辺のアパート1棟と駐車場を持っているんだ」

「奥様自身も資産家だったのですね」

「そうだよ。俺がいなくても立派に生きていけるよ」

「奥様が所有のマンションやアパート、駐車場は今どのような状態なのですか？」

「マンションは立地がいいので空きもなく、ずっと貸しているね。アパートはかなり古くなってきているから、駐車場の活用も含めて何とかしないといけないな」

「具体的な計画はおありなのですか？」

「いや、今はまだそこまで考えていないね」

「奥様の物件についても佐藤様が計画をされるのですか？」

「いや、あれは女房の物件だからね。助言を求められればするけど、基本は女房任せだね」

「では、私から一度奥様に連絡を取ってみてもよろしいですか？」

「構わないよ。私からも言っておくよ」

「ありがとうございます。ところでもうひとつ。奥様のご実家なのですが、銀行はどちらをご利用されているのかご存知ですか？」

「Ａ銀行さんだね」

「そうですか。例えば奥様のご実家を私どもが訪問させていただくことは可能でしょうか？」

「それは、ちょっと女房に聞いてみないとね。女房の実家だから、あまり口を挟めないし」

「分かりました。奥様とお会いするときに私から直接聞いてみます」

「そうしてください」

「ところで、ご長男は近くにお住まいでしたよね。よくお会いになるのですか？」

「孫がいるので週末はうちに来ることが多いよ」

「ご長男は、佐藤様がお持ちの一戸建てにお住まいでしたね」

「それが実は今度、長男に2人目ができてね」

「それはおめでとうございます」

「いよいよ子供が大きくなってきたときのことも考え始めてね。今の家は昔の作りで部屋数も少ないから、長男名義で建て替えようかと検討しているんだ」

「建物の名義はどうされるのですか？」

「これは長男名義の予定だよ」

「どこのメーカーで建てるか決まっているのですか？」

「いや、まだそこまではね」

「スケジュールはどのようにお考えですか？」

「来年の春先から住みたいと考えているようだけど」

「じゃあ、私どもの支店に出入りしているB社の担当をご紹介しましょうか」

「この業者はプランの作成は無料ですし、対応が早いので、どの程度の建物が建つのか、規制も踏まえたうえですぐ分かりますよ」

「あくまで参考ということで、気に入ればお話を進めていただいてもいいですし、そうでなければ断っていただいても結構です。言いにくいことがあったら、私どもに言っていただければと思います」

「そう？　じゃあ、一度息子に話してみるよ」

「ありがとうございます。資金はどのようにされる予定ですか？」

「手元の資金は減らしたくないだろうから、いったん全額ローンを考えているみたいだよ。住宅ローン控除も使えるしね」

「そうですか。では、資金のご支援も含めて、ぜひ一度お話させていただけたらと思います。どうぞよろしくお願いいたします」

家族の実態に加え本人の交流関係も聞く

　こういう調子で家族の実態把握も1人ずつ進めていきます。家族の実態に加えて、本人の地元での交流関係も聞いてください。地主さんは地域で地主さん同士の交流が結構あるものですし、本家や分家といった親戚関係も多数あります。まだ取引のない地主さんを話題にすると、交流が分かったりすることもあります。

「あそこの田中さんという地主さんをご存知ですか？」といった具合に話題に出してみてくだ

さい。交流があればチャンスです。まずは、取引のある方の周辺を徹底的に聞いていくことから、その方のネットワークの活用を図ってください。

3. 法人取引先のネットワーク

法人の場合はどうでしょうか。個人の場合と同様に列挙してみます。

①代表者取引
②代表者の家族取引
③役員を含むその他の従業員取引
④仕入先
⑤販売先
⑥税理士
⑦同業者
⑧代表者の所属するグループ（法人会等）

この他にも、法人が入居するビルのオーナー等、場合によってはさまざまなケースが考えられます。

代表者やその親族および従業員との取引推進は典型的なものです。銀行では法人に対する目標と、各種ローン、給振口座獲得、個人運用商品等、個人向けの目標があります。従業員との取引を推進できれば、個人目標項目の幅が広がります。もちろん、法人の規模や親密度合いによって、アプローチの仕方もさまざまですが、従業員のためになることなら、了承してもらえることも多々あると思います。

例えば、定期的に昼休みにローン相談会を開催するなどして、従業員に対する露出を高めればいろいろな相談が出てくる可能性があります。法人の福利厚生の一環になるような企画であれば、先方も快く了承してくれる可能性はあります。従業員数の多い先からアプローチしてみてください。

その他に、仕入先は販売先よりも力関係で優位にあるので、紹介してもらえる可能性は高いです。税理士を紹介してもらって、その税理士との取引自体や顧客を紹介してもらうというアプローチもできます。常に紹介してもらえるような先がないか、という視点を持っていて欲しいのです。

相続・事業承継ニーズを切り口にしたトーク例

「社長、今日は教えていただきたいことがあるのですが」

「何だい？」

「御社の主要な仕入先はA、B、C社の３社と理解していますが、一番長くお取引されているのはどちらですか？」

「取引の長さも親密さもB社が一番だな」

「B社でしたか。B社は確か本社は同一区内ですね。何か特別な理由でもあるのですか？」

「私が独立したのは20年前だけれど、その前はX社に勤めていたのは知っているよね」

「はい、以前にお聞きしました」

「独立したときに、X社の仕入先をあてにしていたのだけど、X社と同じ条件で原材料を納めてくれるところがなくて困っていたんだ」

「そうだったんですか」

「普通に考えればそうだよね。X社の名前があれば私のことも信用してくれるかもしれないけど、何の信用もない起業したての会社だからね」

「資金繰りの関係もあって、X社並みの条件で納めてくれる会社を探している過程で、X社の仕入先から独立する人がいることを聞いてね。その人の会社がB社だったんだ」

「B社にとっては、販売先が欲しかったわけだね。わが社はX社の仕入先と同条件の先が欲しかったので利害が一致して、それからなんですよ。今も社長とは定期的に会っているし、彼らも安定した販売先ということで感謝してくれている。いい信頼関係が続いているんだ」

「そうでしたか。創業当初の苦しい時期にできた特別なご縁なのですね」

「そうなんだ」

「Ｂ社の社長とは定期的にお会いしているようですが、御社と同じように後継者の問題などもおありなのですか？」

「詳しくは話せないけど、あっちは子供が女性２人なんだよ。娘が継ぐのか婿を迎えて継がせるのか、それとも売却するのかいろいろ思案しているみたいだよ」

「そうですか。社長と同年代でしょうから、御社と同じような後継の問題を抱えていらっしゃるんですね」

「社長、どうでしょう。今回、御社にご提案させていただいたように、相続や事業承継については、弊行が少なからずお役に立てることをご認識いただいていると思います。もし可能であれば、社長からＢ社をご紹介いただけないでしょうか？」

「もちろん、社長にはお声掛け以外のお手間は取らせません。Ｂ社の社長にご了解いただければ、私どもから改めてご連絡したうえで訪問をさせていただきます。結果についても社長にお知らせいたします。もちろん、御社のことは先方にはお話ししません。いかがですか？」

「なるほど分かりました。向こうも困っているのは事実なので、いったん私から話をさせてもらいます」

「先方さんの取引銀行もあるので、無理強いはできませんが、了解いただければ連絡しますよ。近日中に会う予定なので、結果は改めて…」

「ありがとうございます。よろしくお願いいたします」

目的項目の現状を手元の情報で確認する

法人の場合、ネットワークを活用する切り口は多々あるので、目的を絞って現状を把握することから始めてください。例えば、従業員取引の推進であれば、会社として社員にどんな福利厚生を提供しているのかをつかみます。そのあとで、課題や検討事項などを把握していきます。そのうえでメリットある提案を実施します。ただ、サービスをいきなり提案するよりまずは実態把握です。

現状ないもので十分にメリットのあるサービスであれば、先方が受け入れる可能性も高まるでしょう。目的とする項目の現状を、手元にある情報で確認、その範囲で課題を想定し、どう質問すれば的確な情報が得られるか、どう提案すれば効果的に訴えることができるのか、事前にシナリオを描いて実践してください。

4．不動産業者のネットワーク

さてここまでは、直接の取引先である個人と法人、それぞれが持つネットワークを活かすことについて考えてきました。次に取引業者との取引活用について考えてみます。

まずは、不動産業者です。不動産業者の業務は次の3つに分けられます。

(1) 不動産売買の仲介業者

不動産を売る人または買う人を見つけ、売買を成約できれば、不動産業者には手数料が入ります。売買のどちらか一方の場合は、成約額×3％＋6万円。売買両方を見つけて成約すれば、（成約額×3％＋6万円）×2の手数料が手に入ります。1億円であれば、売買両方なら612万円です。

手数料を得るためには、その業者を介して売りたい人、買いたい人をたくさん集める必要があります。それぞれ10人しか知らないより、100人知っているほうが成約はしやすいです。成約についてですが、買う人が自己資金で買うなら金額さえ折り合えば問題ありません。しかし買う人がローンを組む場合は、ローンが通らないと成約できず、これまでの努力が水泡に帰します。ですから、業者は売り買いする人をできるだけ多く確保したいのです。次に、買う人は現金で買うとか、ローンが確実に通るといった属性の良いお客様とお付き合いしたいわけです。

こういった観点で言うと、銀行のお客様はまさにうってつけです。大企業や資産家を多く抱えているわけですから、属性の良いお客様や物件を多数所有し、売買の機会も多いお客様がそろっていると思うわけです。

不動産業者からすれば、ぜひ銀行と連携したいと考えてもおかしくはありません。ただ、銀行サイドとしては売買をスムーズに成立させてくれる、不動産業者独自のお客様を紹介してくれる、ローンを組むお客様を紹介してくれる、そして相応に取扱い規模も大きく信用度も高い、といった条件をクリアしている業者を選別しなければなりません。既存の取引先に加え、店舗周辺の業者も含めて関係構築をしてみましょう。

(2) 不動産賃貸の仲介業者

アパマンショップやミニミニ等、駅前でよく見かける不動産業者に代表されるものです。メイン業務は、大家さんから預かった物件の空室を埋めることです。賃貸契約を成立させれば、家賃1ヵ月分程度が業者の収入になります。こういった業務を中心にしている業者には、銀行はあまり積極的に関わりません。入退居者の転居費用向けに多目的ローンの紹介とか、空室を埋めたい地主さんを紹介することなどはできるかもしれませんが、費用対効果でどこまでメリットがあるか見極める必要があります。

(3) 不動産物件の管理業者（清掃・入出金管理・苦情・トラブル等）

大家さんから預かった物件の管理全般を請け負う業務です。物件の清掃や修繕の手配、賃借人の家賃の入金管理、修繕や光熱費等の支払管理、苦情やトラブルの窓口等、オーナーの代わりに窓口となります。多くの物件を所有するオーナーは、自身でやると体力的に大変なので、業者さんに手数料を支払って任せるケースが多いです。

管理料は家賃の５％程度が相場のようです。月１００万円の家賃なら5万円程度です。こういった業者についてもあまり積極的に関わりません。ただ、自行と取引のない大地主を紹介してもらうことなどは可能かもしれません。逆に銀行取引のあるオーナーが、管理業者を探しているようなときは紹介できるでしょう。

お客様への紹介には信用できる先を

銀行がお客様に業者を紹介することには、紹介責任が問われると理解しておくべきです。お客様からすれば、銀行が紹介してくれたことで信用のできる業者だと思うからです。ですから、万一業者とお客様との間でトラブルが発生すると、銀行の責任が問われかねません。そう考えると、地元でも業歴が長く、実績があり、人物的に問題のない社長が経営する、信用できる先を選ばなければなりません。事前に銀行組織として紹介できる取引先という承認を取っておきましょう。

住宅ローン案件ルート発掘の実際

東京都内の支店にいたときの事例です。当時はローン案件を集めることに苦労していました。そこで仕組みとして案件を発掘できないかと考え、いろいろ試していたところ、うまく仕組みが作れたケースです。

最寄駅周辺の不動産業者を訪問し、業務についてヒアリングしつつ、ローン案件を持ち込んでもらうよう依頼を始めました。その中に、ネットで物件を紹介し、若い営業マンを相応に抱え、個人の自宅用不動産（マンションが中心）を販売している業者がありました。そこは、勤務していた銀行の住宅ローンセンターが担当していたのですが、業者はセンターの対応が悪い（照会への回答が遅い・物理的に遠い）と感じていました。

当時、支店の住宅ローン担当にベテランでスキルの高い女性行員がいたので、彼女を窓口としてもらうことにしました。その結果、対応が的確で早いと認めてもらい、住宅ローンセンターではなく、支店に直接お客様から申し込んでもらうことになりました。それからは、いろいろな営業マンから案件を持ち込んでもらえるようになり、一つの案件ルートが完成しました。
この事例では、営業マンが発掘する案件以外にも情報ルートができたのでとても助かりました。そこで、業者がどんな銀行員と付き合いたいと思っているかというと、概ね次のようなことに集約できると思います。

ア．気軽に相談できる
イ．ローンについて見識が高い
ウ．諾否の結果が早い（すぐに処理、審査に持ち込み、結果が分かる）
エ．顧客を紹介してくれる

4つの要素を満たせば要望を受け入れてくれる

これら4つの要素を満たせば、業者はこちらの望むことを応えてくれるようになると思います。

先のケースでは、ア、イ、ウの3つを充たしたため案件を持ち込んでくれるようになりました。エの項目は充たしていませんでしたが、すべての要素が揃っていなくてもいいのです。先方が困っていることを解決することで、要望を受け入れてくれるようになるのです。

ここでも、重要なのは〝営業の姿勢〟です。案件をたくさん抱えている業者が、どうしたら案件を持ち込んでくれるのか。彼らは具体的にどんな業務をしていて、何に困っているのか。実態を把握し、ニーズを見つけ、解決したからこそ、私たちの望むことをしてくれるようになったのです。まさに営業のプロセスそのものです。

結局、物事を決めるのは〝人〟です。ローンであれば、持ち込んでくれるのも人。案件のたくさんある業者も、自分の銀行に持ち込んでくれるかどうかを決めるのも人です。人がそうしたくなるようにアプローチするのは、営業そのものです。結局は、営業プロセスの実践がローンにも必要だと再認識させられたのでした。

顧客情報をバーターにしたトーク例

「社長、今日は御社がどのようにお客様を発掘しているのかをお聞きしたいので、いくつか質問させていただけませんか？」

「ああ、いいよ」

「売上に占める割合は売買、賃貸の仲介、管理のうちどれがメインなのですか？」

「一概には言えないね。土地の売買は最近この地域ではあまり動かないし、物件の価格次第で年度によっても相当ぶれるでしょ。もちろんうちはこの地域で業歴が長いから、地域の大地主さんのお客さんはたくさんいるけど、地主さんはあまり自己物件を進んで売ることはしないからね」

「ただ、地主さんから任されている物件は多いから、募集や管理は一定量必ずあって、それがメイン業務ということになるね。もちろん、地域で売買の相談も受けるし、地主さんも売買をまったくしないわけじゃないから、それもやっているよ」

「ご自宅を購入されるお客様もいるのですか？」

「実は数年前から、地域の売却予定の土地情報をいち早くつかんで、そういった土地を買って戸建てを販売しているんだよ。新築の売買だからローンの必要なお客さんがほとんどだね」

「ローンが必要なお客様には、どこのローンを勧めているのですか？」

「いや、ローンはお客さんに任せている。どうしてもという人には、Ａ銀行さんを紹介しているね」

「Ａ銀行さんを紹介するのには、何か特別な理由がおありですか？」

「うちにはそこの担当者しか来ないしね。顔が分かっているから紹介しているだけ」

「そうでしたか」

「社長、いかがでしょうか。弊行のローンはこのようなキャッシュバックのキャンペーンを行っており、お客様のメリットが大きいので大変好評をいただいています。今後、ローンの必要なお客様がいらっしゃったときには、弊行を紹介していただけないでしょうか？」

「そうだね。お客さんにメリットがあるのなら、選択肢のひとつとして紹介するのは構わないよ。逆に銀行のお客さんで自宅を買う人とか、売買や管理の案件ある人がいたら紹介してよ」

「分かりました。御社にもメリットがないと良い関係ができませんよね。その件は私の一存でこの場ではお答えできないので、一度持ち帰りにさせていただいて、前向きに検討させていただきます。近日中にご返事いたします。ありがとうございました」

紹介できる業者なのかという判断が必要

ここでもやはり、まずは業者がどのような仕事がメインなのかを確認することが大切です。売買、賃貸仲介、物件管理のどれがメインなのかを聞いていき、そのうえで、どうやって顧客を開拓しているのかをつかむことが大切です。それらを認識したうえで、お互いにメリットのある提案が必要になってきます。

注意すべきは、銀行の顧客を紹介するとなると、先に述べたように信用の高い取引先であり、銀行組織として紹介できる業者なのかという判断が必要になります。そこで業歴や事業内容、社長の人となりなどについて、信用情報機関等で慎重に調査しなければなりません。

5. ハウスメーカー・工務店のネットワーク

ハウスメーカーは文字通り、住宅やアパート、マンションといった建物を造る業者です。一戸建て、アパートやマンションといった集合住宅、木造、鉄骨、鉄筋コンクリート等、得意分野は業者によって特色があります。規模としても全国展開している大手から、地元に特化した中小工務店等さまざまです。もっと大規模なビルという規模になってくると、ゼネコンの範疇《はんちゅう》になってきます。一般的な銀行の支店レベルでいえば、お客様が建物を建てるといえば、このハウスメーカーや工務店になります。

これらの業者は、家を建てる人を探している訳です。家を建ててなんぼ、というのが彼らの営業です。建物を建ててお客様に引渡し、代金を受け取るまでが彼らの仕事です。付随する業務で物件のメンテナンスや、収益物件ならその管理業務も行っています。

ただし、あくまでメインの業務は家を建てる人を探す、発掘するということです。こういった業者の営業マンは、どのように建てる人を探していると思いますか。既存顧客からの再受注や紹介もあるでしょうし、展示場に来るお客様からの受注もあるでしょう。

家は一度建ててしまうと30年以上もつため、基本的には新しい顧客をどんどん増やしていかないといけません。そこで、営業マンは主に2つの方法で案件を発掘しています。

(1) 面の営業

面の営業というのは、担当する地区すべての世帯を、短い期間で、多くの営業マンにより訪問し、建替えの意向があるのかを徹底的に聞いていくものです。住宅地図上の所有者の意向を1軒ごとに確認していき、建替えの意向がある世帯には、スキルのあるベテラン営業マンがセールスをかけるという手法です。

ある業者に聞いた話ですが、担当地域それぞれの土地の状態を歩いて確認していきます。このときに古い空家、更地、駐車場、築年数の経っている家屋等、案件の出そうな物件に目星をつけておきます。所有者が一見して分からないものは登記簿で確認します。そして、調査が進んだ後に多くの若い営業マンを投入し、各物件を個別訪問していくのです。営業マンには短期間で担当地域を徹底的に回らせます。そして案件があれば、セールスを担当するベテラン営業マンの出番となるのです。

ある程度やりつくしてしまうと、別の地域に移り同じことを繰り返していきます。これが面の営業です。地図を面でとらえ、人員を一気に投入し、人海戦術で個別訪問し、面をつぶして案件を発掘するという手法です。

これをやっている業者は建替えの多くの情報を持っています。ここが建替え予定だとか、この駐車場にはいつから何が建つであるとか、ここは売却する予定だとか。もちろん、自行のお客様以外の情報もたくさん持っているので、借入案件を発掘するには、こういった業者と連携すると、自店のマーケットで融資のチャンスが得られる可能性があります。

また、彼らがいくら訪問しても相手にしてもらえないお客様もいます。そういったお客様は逆に、自行がメイン取引の富裕層であることもあるため、そういったお客様と取引したいという彼らの要望を満たしてあげれば、優先的に案件を紹介してくれるようになります。

(2)　ルート営業

ルート営業とは何らかのツテをたどって、案件を紹介してもらうといった営業スタイルです。例えば、地域の各金融機関の支店を回り、新築案件の紹介をお願いするような手法です。金融機関の担当者との人間関係を構築することで信頼を得て、金融機関の顧客の案件を紹介してもらうものです。

これらの業者のうち、地域の案件を握っているのは、圧倒的に面の営業を行っている業者です。そのため、この業者と連携するほうが案件は確実に入手でき効率もいいでしょう。県のハウスメーカー、工務店をネットで検索すれば連絡先が出てきますので、電話して担当者と会いたいと伝えれば、面談できます。面談時はどんな活動をしているか、案件はどのくらい持っているか、信用力は高いかなどを見極めて、連携可能かどうか判断していきます。

銀行へのニーズを満たして紹介を獲得

東京都内の支店で、ローン案件や未取引の富裕層と取引する仕組みを作れないか試行錯誤していたときの事例です。

ひとつは全国展開している中堅のハウスメーカーです。得意分野は鉄骨の集合住宅です。この業者は東京都を地区割りして営業所を置いていました。該当地区のマネージャーが銀行との連携に積極的で、相互に顧客を紹介する関係を構築することができました。銀行のお客様の新築案件には積極的に紹介し、プランを提示してもらっていました。

この業者はどんな建物が建つのかといった調査や賃貸市場の調査が早く、賃貸経営が成り立つかどうかというレポートとともに、規制を踏まえたプランの提示がスムーズだったので、融資を検討する際の材料がすぐ揃い助かりました。先方は銀行の富裕層顧客の新築案件情報をいち早く把握できるので、それがメリットにもなっていました。この連携のおかげでアパートローンやプロパー融資の案件は、担当顧客以外からのルートが確保でき幅が広がりました。

もうひとつの業者は新興の全国展開しているハウスメーカーでした。ここの担当者は案件をたくさん持っている優秀な営業マンでした。実は事務所は自店の圏外にあり、自行の住宅ローンセンターが担当していました。通常なら住宅ローンセンターに持ち込んでもらうのが筋なのですが、担当者は「おたくの銀行のローンセンターの担当者は、持ち込んでも書類の不備等を指摘するだけで、一生懸命取り上げようという姿勢が見られない。支店の担当者は一生懸命ローンを通そうと頑張ってくれるし、感謝もしてくれる」と言うのでした。

この担当者はお客様の仕切りも完璧で、多少遠くても支店の取扱いにすることをお客様に納得していただき紹介してくれるので、その後の申込みもスムーズでした。この連携のおかげで随分住宅ローンは助かりました。店頭での申込みは皆無に近い支店だったのに、住宅ローン案件に困らなくなりました。

いずれの業者も結局は、営業のプロセスを充たした結果です。相談しやすい、一生懸命、感謝、お客様の相互紹介等、先方のニーズを充たしたから支店に案件を持ってきてくれるようになったわけです。やはり、人に思った通りに動いてもらうには、営業のプロセスが必要だということの証明となりました。

顧客情報の好感を条件にしたトーク例

「御社では具体的にどのように顧客開拓をされているのですか？」

「当社では東京地区をいくつかに分けて支社を作っています。各支社では各担当地域の駅に優先順位をつけて、選定した駅から顧客開拓を実施していきます。まずは駅周辺の調査を行います。空き地や、空き家、古い家等、目星をつけておきます。必要であれば登記簿謄本で所有者を調べることもあります。一定の調査が終わったら、そこに若手の営業職員を投入し、1軒ごとに訪問して建替え情報を収集させます。都度、有力な情報が得られれば、ベテランの営業職員がセールスを実施します。入り口での情報収集を若手に担当させて、見込みのある情報にはスキルの高い営業マンをあてがって、地域を面でつぶしていきます」

「短期間で、一駅ずつ、つぶしていくんですね。そういった手法に何か課題はありますか?」

「そうですね。大地主の方々はガードが堅く、面談に至らないことが多いです。また、会えてもなかなか情報を得られる関係にまで持ち込めないことですね」

「なるほど。弊行に希望することがあるとしたら、どのようなことですか?」

「そういった大地主さんと、まず一度取引したいと考えています。物件を多数お持ちなので、一度関係ができれば、その後のチャンスも広がります。ただ、取引までのはじめの一歩が大きな課題になっています」

「銀行さんは地域の大地主さんとも取引があるでしょう。なので、もし建替えの話があったときに、見積もりに参加できる了解を取っていただきたいのです。もちろん、結果は我々の努力次第ですからで、銀行さんに迷惑はおかけしません。逆に我々は地域の建替えや売買の情報を足で入手していますので、ローンなど銀行さんが欲しい情報が手に入ります。そこで、お互いに必要な情報をやりとりさせていただきたいのです。もちろん、お客様の個人情報なので、ご本人に了解をいただかなければなりませんが、その点を十分注意したうえで、情報交換をさせていただきたいのです」

「御社であれば、ご紹介について何も問題はありません。今後、そういう話があった場合は、お客様に聞いてみます」

「ありがとうございます。弊社もお役に立てる情報があれば努力します」

「では具体的にどういった情報をお互いに欲しいのか、すり合わせていきましょう」

6．取引先の士業のネットワーク

その他、取引のある税理士や司法書士とはどうですか。司法書士は自店でメインに仕事を依頼している人がいるはずですから、家族取引も含めて取引を獲得します。税理士もお客様から依頼のあったときに、紹介できるような人には家族も含めて取引してもらいます。いずれも、相互にお客様を紹介できるように連携しておくことが大切です。

彼らも地元でのネットワークをたくさん持っています。取引したいお客様と接点がないか、あれば紹介してもらうということが可能です。自店で取引のない法人や個人を紹介してもらえる関係を作っておけば、取引開拓の幅が広がります。

いろいろな考えができると思いますが、接点のある人は情報の源となります。彼らが持つ顧客網を私たちのお客様にできないか。そのためには彼らの実情を理解し、彼らのメリットを充たすことで連携が可能になります。自店と接点のある人々のネットワークを、取引に結びつけられないかといった、俯瞰《ふかん》する視点が重要です。使えるものはすべて使う。ぜひそういう視点で活用できるものがないか探してみてください。

顧客の紹介を軸にしたトーク例

「先生のお客様ですが、法人と個人どのくらいお持ちなんですか？」

「法人で300社くらい。個人はその法人の社長とあとは紹介などで400人くらいかな」

「かなり多いですね。担当している法人は、ほとんどがこの区内なのですか？」

「やはり地元で8割くらい占めているね。残りは紹介やホームページを見て依頼されるようなところかな」

「先生の事務所は通常の決算や確定申告以外に、コンサルティングなども手がけていらっしゃるんですか？」

「そうですね。他の事務所と同じような決算と申告だけでは特徴が出せないでしょ。やはり、お客さんの会社をより良くすることを目指して、随分前から積極的に取り組んでいるよ」

「最近はどのような相談が多いのですか？」

「やはり相続や事業承継かな。これは専門に取り組んでいる事務所でないと対応できないからね。経営者も高齢になってきているので、次の世代にいかに円滑に引き継ぐかは、どの企業にも共通する課題だね」

「弊行のお取引先でもそういった相談が多々あるのですが、先生の事務所ではまだまだ顧問先を増やしたいという意向はあるのですか？」

「ご存知のようにうちも事務員を雇って経営しているので、顧問先はまだまだ増やしたいね。事務員も忙しいけれど、まだまだ受け入れる余力はあるので」

「そうですか。弊行のお客様には税理士の先生が高齢になったり、コンサルをしてくれないので、いい先生を紹介して欲しいというニーズもあります。そういったときには先生にお相談させていただいてもよろしいですか？」

「ぜひよろしくお願いしますよ」

「先生、その代わりといってはなんですが、弊行と取引していただけるようなお客様を、ご紹介いただくことはできませんか？」

「銀行さんがお客さんを紹介してくれるのなら、我々も考えますよ。お互いの利益になるような関係ができればいいね」

7. 既存取引先の活性化策

ローンを借りてくれているお客様はありがたいです。こちらが何もしなくても、金利を毎月払ってくれているからです。ある意味、預金取引だけのお客様より大切にしないといけないお客様です。私の所属していた銀行でもそうだったのですが、なぜかローンのみのお客様にはその後アプローチしないものです。ローンを実行したら取引終了という感じです。

しかし、よく考えてみるとすでに自行を選んで借入れしてくれているわけですから、メイン取引のお客様です。今後も、いろいろな場面でニーズがあれば自行を利用してくれる可能性が高いお客様です。ですから、定期的にアプローチをすべきなのです。教育資金、車の購入、住宅の購入、運用の意向等、ローン実行後もチャンスはたくさんあります。また別のメリットもあります。それは肩代わりの防止に極めて効果があるということです。

肩代わりをされる最大の要因は〝接点の欠如〟です。融資を採り上げる担当者は、実行には一生懸命取り組みますが、その後は担当が変わることもあり、どんどん接点が薄れていきます。お客様も担当者が誰なのか分からなくなり、さまざまな不満が解消されることなくたまっていきます。こんなとき、他行の担当者が接触すると、当然肩代わりを画策します。

お客様としても、借換えにメリットがあるなら検討するので、担当者が知らないところで、どんどん話が進んでいきます。そして、あるとき「借換えをするので準備をお願いします」という連絡があるのです。こうなったら後の祭りです。実行後も定期的にフォローしておけば、こんな展開にはなりません。ローンのお客様は今後も取引の発展が見込める大事なお客様だと認識し、きちんとフォローすることが重要です。

組織として、既存のローン先にアプローチしてみると、さまざまなニーズ把握につながるかもしれません。すでにある資源を活かし商品やサービスにつなげるというのも、大切な視点だと思います。

ローン実行後のフォローをきっかけにしたトーク例

「もしもし、佐藤様のお宅でしょうか？」

「はい、そうですが」

「私、近代銀行中野支店の吉田と申します。奥さまでいらっしゃいますか？　私、２年前に住宅ローンをお借りいただく際に担当させていただきました。覚えていらっしゃいますか？」

「ああ、あのときの吉田さん？　その節はお世話になりました」

「いえ、こちらこそ、ありがとうございました。お変わりございませんか？」

「あれから2人目の子供ができたんです。上は女の子だったのですが、今度は男の子です。子育てで以前より忙しくしています。主人は相変わらずですが」

「それはおめでとうございます。突然、お電話して申し訳ありません。住宅ローンに関して何かご不明なことなどございませんか？」

「私は何も分かりませんが、主人も特に何も言っていませんけれど…」

「そうですか。ローンをお借入れいただいてから、何も連絡していなかったものですから、何か疑問に感じることなどがあればお聞きしようと思い電話いたしました」

「それはご丁寧にありがとうございます。主人にはお電話があった旨、伝えておきます」

「よろしくお願いいたします。何かありましたらご遠慮なく連絡いただくようお伝えください」

「分かりました」

「ところで奥様、上のお嬢様は何歳になられましたか？」

「今は幼稚園の年中です」

「小学校は地元の学校へ進学されるのですか？」

「いえ、おそらく受験すると思います」

「では、今も塾へは通っていらっしゃるのですね」

「ええ、行かせていますけど何か？」

「いえ、弊行では住宅ローン以外にも、教育や自動車購入、カードローン等のローンも取り扱っております。もし、資金が一時的に必要なときにも、お気軽にご相談ください。ご主人は大手企業にお勤めですが、教育には一時的に大きな資金が必要なこともございます。金利もさほど高くないので、そのようなご意向がおありでしたら、同じく遠慮なくご相談ください」

「そうですね。主人にも話しておきます」

「本日はお忙しいところ、突然のお電話で申し訳ありませんでした。ありがとうございました」

ライフイベント関連のニーズを逃さない

ローン実行後はお客様と接点がなくなりがちです。ただ、このような連絡が一定頻度であれば、お客様は何かのときに気軽に相談してくれるのではないでしょうか。住宅以外のローンもあると分かれば、聞いてみよう、使ってみようと思う可能性は大きくなります。

また、連絡することで肩代わりを防止することができます。もし肩代わりの動きがあるなら、提示されている金利条件等を聞き出して、金利の引下げで対抗することもできます。気軽に相談できるような関係なら、「こんな話があるんだけど何とかならない？」などと事前に話をされることもあるかもしれません。

また、連絡がついたときは、時間の経過によるライフイベント情報を聴取してください、例えば、子供の入学、就職、結婚、車の買替え、引越し等々。そういったイベントには一時的に支出する資金がついてきます。そこにローンのセールスをするのです。すでにローン取引のあるお客様であれば、取り込める可能性も高いと思います。せっかくの既存顧客に発生するビジネスチャンスを逃さない取組みをぜひ実践してください。

8．その他のつながりの活用

自店で利用している業者やお店があると思います。例えば、菓子折りを買うお店、文具を買うお店、宴会で使う飲食店。清掃業者、文書廃棄業者、給食業者…。こういった業者やお店と取引してもらっていますか。

こちらがお客の位置づけですから、依頼しやすいと思います。法人として、従業員個人として、取引ができる可能性は高いです。こうした視点でも取引開拓できないか、自店の取引業者にもアプローチしてみましょう。

また、担当地域には自治会、商店会、法人会などいろいろな任意団体があります。これらの団体の会合には地域の有力者や、優良法人の代表者が参加していたりします。定期的な会合に顔を出すようにしていれば、人脈が広がり、取引につながることもあります。

どんな展開になるかはやってみないと分かりませんが、どんな会があって、どんな人が参加しているのか、一度見極めてみるのもいいでしょう。うまくいけば大きな取引につながったり、新たな取引先開拓のルートになる可能性もあります。

まとめ

渉外担当者に必要な活動の基本と、取引開拓につながるセールストークを解説してきました。これらを理解して取り組んでいけば、間違いなく道は開けると思います。最後に、私が今感じていることをお伝えしたいと思います。それは、

「営業の基本・渉外担当者としての基本は人生自体にも通ずる」

ということです。営業とは人に自分の思うとおりに動いてもらうにはどうすればよいかを考え

ることです。人に良い印象を与え、正しいアプローチをし、その人の状態を良く知り、困っていることを解決してあげるという仕事です。

営業のこの過程は人間関係すべてに通じます。例えば、あなたの隣にいる後輩や部下への接し方にも通じます。上司やプライベートで会う人たちとの関係でも同じです。会う人会う人に、この過程を適用していけば、多くの人と良好な関係を築くことができます。

もちろん、問題を解決できた人はあなたを大いに信頼するでしょうし、恩に感じるでしょう。問題を解決できなくても、いい印象を与え話を聞いてあげるだけでも、良い関係を作ることができます。プライベートでも仕事でも、会う人すべてが自分にいい印象を持ってくれるようになれば、より良い人生になるはずです。

多くの人は自分さえよければと考えています。でも、自分さえよければいいと考える人に、お客様は信頼を寄せるでしょうか。多くの人を率いるような仕事が任せられるでしょうか。一緒に仕事をした人たちが慕ってくれるような関係を、職場を離れた後も継続できるでしょうか。この考えの延長線に本当に充実した人生があるでしょうか。

営業という仕事は、人との関係について深く考える仕事です。人がどういうステップを踏んで決断を下すのかを考え導く仕事です。こういうことを考えることにより、普段の人との接し方をどうすればいいのかも理解できるようになります。周りの人を快適に、心地よくする自身の言動が理解できるようになります。力を尽くせば尽くすほど、気づきのある、意義深い仕事だと思います。

多くの銀行員は明確にそのステップを知らないし、教えてくれる人もいません。私が今思うのは、このステップを若いころに知っていたら、もっと早くから、高い志を持って、迷いなく、営業という仕事に特化し、高い実績を残すことができたと思うのです。銀行員は教える側も、教わる側も、明確に主張できるほどには理解していないというのが実態だと思います。

「そう、ただ知らないだけなんです」

知って、忠実に実践して、自分なりに創意工夫を重ね、努力を継続していけば、きっと望む姿に至るはずです。上席者も、成績を上げろというだけで、具体的に営業に必要な要素を説いてはくれません。本書に記載されたステップをよく理解して、実践してください。

いい印象を与え、適切な質問をし、実態を把握し、ニーズや課題を発掘し、シナリオを持ってセールスする。併せて勉強をし続け、情熱を持って取り組む。この自己成長につながるスパイラルを描き続けてください。

おわりに

最後に、執筆中に思い出した過去の〝ショッキングなセールス〟についてお伝えします。入行3ヵ店目に東京都内の支店にいたときのことです。入行店では外国為替課に配属され、大阪の貿易商社を担当していました。そのときの取引先に中堅の貿易商社がありました。ただ、取引はおつきあい程度で、輸出書類の買取りがたまに発生するといったものでした。

先方の担当者は当時30歳くらいで、とても紳士的で聡明な雰囲気の男性でした。私は大人の雰囲気を持った憧れの先輩という感じで見ていました。その方が転勤して東京の支店にいるときに突然訪ねてきたのです。事前に連絡があり、お昼でも食べようということになりました。わざわざ、東京まで私を訪ねてきてくれたことが素直にうれしく、懐かしく、喜びで一杯でした。

お昼をごちそうになっているときに、実は大阪の会社は退職し、S生命に入ったと聞かされました。そして、参考に私の入っている生命保険の証券を見せてくれないかと言われました。当日は少し考えさせてくださいと返事をして別れたのですか、たぶん生命保険のセールスをされるのだろうと思いました。

当時、私は高校時代の友人がS生命にいたので、彼の勧めに応じて保険に入ったばかりでした。ですから、生命保険を新たに入る必要はないし、現在の保険も解約したくなかったのです。そのため、証券を見せると変に期待されると思い、見せること自体断ったほうがいいと結論づけ、後日電話があったときにこう答えました。

「大変申し訳ないのですが、実は高校時代の友人がS生命におり、生命保険に入ったばかりなので、これ以上は必要ないんです。たぶん、証券を見せると保険を案内されるのでしょうから、最初からその気はないとお伝えしたほうがいいと思いました。わざわざご連絡いただいたのに申し訳ないのですが、証券をお見せすることはお断りさせていただきます」

その後の相手からの反応は、予想しなかったショッキングなものでした。

「さすが銀行員は、断るのがうまいの！　口がうまいわ！」

この一言で〝私の憧れの先輩社員〟の虚像はもろくも崩れ去りました。この毒づいた口調にあっけにとられ、その後の会話は記憶していませんが、一方的に文句を言われ、電話を切られたと思います。

大変だったのでしょう。結婚もしていたし子供もいました。生命保険の営業ですから給料は歩合制でしょうし、稼がないといけないのも分かります。しかし、どういう事情があれこんな営業態度で成功は難しいと思うのです。自分が大変だから、頼むからやってくれ、俺のためにお願いだからやってくれ、ではすぐに行き詰まります。

そこには、人がなぜ自分のために動いてくれるのかという視点がありません。営業の基本は、他人の悩みや課題を商品やサービスを使って解決することです。お客様が契約するのは、「お客様自身のためになる」からであって、決して「営業マンのためになるから」ではないのです。

こういう営業の基礎さえ分かっていれば、あんな営業をすることはなかったのに、と思います。ですが、銀行の多くの渉外担当者も、こういうことをよく理解できていません。売りたい商品を売るだけといった、自分のために活動する渉外担当者の何と多いことか。もし、銀行の渉外担当者が営業の基本を理解し、それこそ情熱をもって取り組んだら、もっともっと業績を上げられるはずです。いきいきと渉外活動に取り組み、後輩や部下にその極意を伝え、より大きなフィールドを与えられ続ける…。そんな銀行員が多くなって欲しいという思いで、私は執筆や研修を実施しています。

「この本がよりよい渉外活動のきっかけになった」と言っていただければ、これに勝る喜びはありません。

皆様の輝きに満ちた銀行員生活をお祈りしています。

平成27年3月

著者

●著者略歴●
加藤　充也（かとう・あつや）

昭和40年大阪生まれ。私立清風南海高校卒・大阪外国語大学卒。
平成元年富士銀行（現みずほ銀行）に入行。24年の銀行員生活で18年間支店での営業を担当（法人営業9年・個人営業9年）。
行内の個人営業最上位部門「富裕層担当役職者部門」にて平成19年下期2位、平成20年上期1位となる。富裕層個人への相続対策提案および不動産有効活用提案を得意とし、資産運用、融資における実績が顕著。
平成25年に金融機関向けの書籍、研修の提供を目的に独立。
Facebook：https://www.facebook.com/atsuya.kato.5
ブログ：http://ameblo.jp/hereiamak/
メールアドレス：hereiamak@gmail.com

涉外活動のキホンとトークの進め方

平成27年5月15日　初版発行

著　者――――加藤　充也
発行者――――福地　健
発　行――――株式会社近代セールス社
〒164-8640　東京都中野区中央1-13-9
電　話　(03) 3366-5701
FAX　(03) 3366-2706

印刷・製本――株式会社暁印刷
デザイン・イラスト――Rococo Creative

ISBN 978-4-7650-2000-8